마인드맵으로 정리하는
한국사 독해

1 선사 시대~통일 신라·발해

kids' SCHOLE

 구성과 특징

 역사 연표를 통해 한국사 흐름을 이해합니다.

역사 연표
역사 연표를 보고 배울 내용을 먼저 확인합니다.

 한국사 이야기를 읽고, 문제를 풀며 한국사를 이해합니다.

꼼꼼하게 읽기
중요하다고 생각되는 문장과 단어에
표시를 하면서 이야기를 꼼꼼하게 읽습니다.

읽은 날
날짜를 쓰면서 스스로
학습 계획을 점검합니다.

확인 문제
문제를 풀면서 한국사
이야기에서 꼭 알아야
할 지식을 확인하고
이해합니다.

수행·단원 평가 대비
서술형 문제로 수행 평가,
단원 평가에 대비할 수
있습니다.

한국사 이야기
교과서를 중심으로
선정한 다양한 주제의
한국사 이야기를
읽으며 지식을 쌓습니다.

역사 용어
낯설고 어려운 역사 용어를
쉽게 풀이해 내용을
잘 이해하도록 돕습니다.

역사 포인트
한국사 이야기에서 가장
핵심이 되는 내용을 다시 한번
읽으며 정리합니다.

유물과 유적을 보며 한국사에 대한 배경지식을 쌓습니다.

역사가 보이는 유물 유적

유물과 유적을 생생한 사진과 함께 보면서
한국사에 대한 배경지식을 쌓습니다.

 재미있는 퀴즈로 한국사에 흥미를 갖습니다.

역사 퀴즈

글자 퍼즐, 사다리 타기, 초성 퀴즈 등 다양하고
재미있는 퀴즈를 풀면서 한국사에 흥미를 갖습니다.

 마인드맵으로 한국사를 통합적으로 이해합니다.

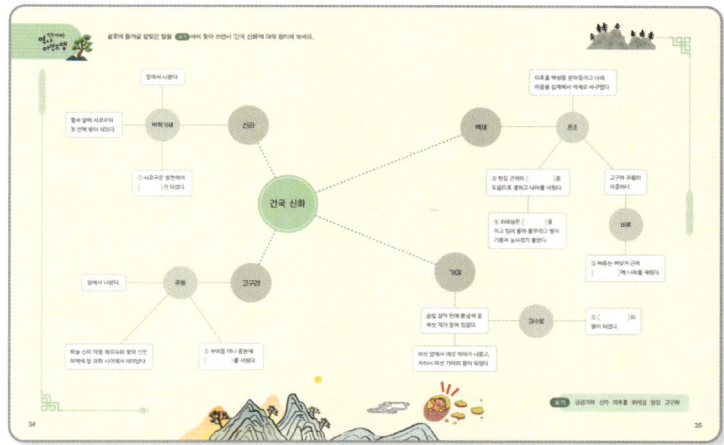

역사 마인드맵

마인드맵으로 내용을 정리하면서 중요 사건과 인물을 다시 한번
확인하고 통합적으로 이해합니다.

차례

선사 시대와 고조선의 건국

선사 시대 ① 먹을 것을 찾아 떠돈 구석기 시대 ⸺⸺⸺⸺⸺⸺ 8

② 농사를 지으며 정착한 신석기 시대 ⸺⸺⸺⸺⸺ 10

고조선 ③ 최초로 세워진 국가의 이름은 고조선 ⸺⸺⸺⸺⸺ 12

④ 고조선에도 법이 있었다고? ⸺⸺⸺⸺⸺⸺⸺⸺ 14

청동기 시대 ⑤ 힘 있는 지배자가 다스리는 청동기 시대 ⸺⸺⸺ 16

• 역사가 보이는 유물 유적 청동기 시대의 무덤 고인돌 ⸺⸺ 18

• 역사 퀴즈 ⸺⸺⸺⸺⸺⸺⸺⸺⸺⸺⸺⸺⸺⸺ 19

• 한눈에 보는 역사 마인드맵 ⸺⸺⸺⸺⸺⸺⸺⸺ 20

삼국과 가야 건국

삼국 시대 ⑥ 알에서 나와 신라의 왕이 된 박혁거세 ⸺⸺⸺ 24

⑦ 고구려를 세운 주몽 ⸺⸺⸺⸺⸺⸺⸺⸺⸺⸺ 26

⑧ 온조와 비류 중 백세를 세운 사람은 누구일까? ⸺ 28

⑨ 여섯 가야는 어떻게 생겼을까? ⸺⸺⸺⸺⸺⸺ 30

• 역사가 보이는 유물 유적 백제의 유적지 몽촌토성과 풍납토성 ⸺ 32

• 역사 퀴즈 ⸺⸺⸺⸺⸺⸺⸺⸺⸺⸺⸺⸺⸺⸺ 33

• 한눈에 보는 역사 마인드맵 ⸺⸺⸺⸺⸺⸺⸺⸺ 34

삼국의 발전

⑩ 백제의 전성기를 이룩한 정복왕은 누구일까? ⸺⸺ 38

⑪ 고구려의 전성기를 위한 소수림왕의 노력들 ⸺⸺ 40

⑫ 광개토 대왕은 고구려의 영토를 얼마나 넓혔을까? ⸺ 42

⑬ 불교를 위해 희생한 이차돈 ⸺⸺⸺⸺⸺⸺⸺⸺ 44

⑭ 한강을 차지하며 신라의 전성기를 이끈 진흥왕 ⸺ 46

• 역사가 보이는 유물 유적 역사 기록이 남아 있는 비석 ⸺⸺ 48

• 역사 퀴즈 ⸺⸺⸺⸺⸺⸺⸺⸺⸺⸺⸺⸺⸺⸺ 49

• 한눈에 보는 역사 마인드맵 ⸺⸺⸺⸺⸺⸺⸺⸺ 50

삼국의 문화

15 삼국 시대 사람들은 어떻게 살았을까? ⸺⸺⸺⸺⸺ 54

16 불교 예술 작품에는 어떤 것들이 있을까? ⸺⸺⸺⸺ 56

17 하나가 되지 못해 사라진 철의 나라, 가야 ⸺⸺⸺⸺ 58

18 나라마다 고분의 모습이 서로 달랐다고? ⸺⸺⸺⸺ 60

19 주변 나라와는 어떤 교류를 했을까? ⸺⸺⸺⸺⸺ 62

• 역사가 보이는 유물 유적 백제의 문화 무령왕릉 ⸺⸺⸺ 64
• 역사 퀴즈 ⸺⸺⸺⸺⸺⸺⸺⸺⸺⸺⸺⸺⸺⸺ 65
• 한눈에 보는 역사 마인드맵 ⸺⸺⸺⸺⸺⸺⸺⸺ 66

신라의 삼국 통일

20 살수 대첩을 승리로 이끈 을지문덕 ⸺⸺⸺⸺⸺⸺ 70

21 당나라와 손잡은 신라 ⸺⸺⸺⸺⸺⸺⸺⸺⸺⸺ 72

22 황산벌 전투, 그리고 백제의 멸망 ⸺⸺⸺⸺⸺⸺ 74

23 드넓은 영토를 가졌던 고구려는 왜 멸망했을까? ⸺⸺ 76

24 삼국 통일을 이룬 신라 ⸺⸺⸺⸺⸺⸺⸺⸺⸺⸺ 78

• 역사가 보이는 유물 유적 신라의 꿈을 담은 황룡사 구층 목탑 ⸺ 80
• 역사 퀴즈 ⸺⸺⸺⸺⸺⸺⸺⸺⸺⸺⸺⸺⸺⸺ 81
• 한눈에 보는 역사 마인드맵 ⸺⸺⸺⸺⸺⸺⸺⸺ 82

통일 신라 문화와 발해 건국

통일 신라 · 발해 25 신비한 피리, 만파식적 ⸺⸺⸺⸺⸺⸺⸺ 86

26 불교를 발전시킨 원효와 의상 ⸺⸺⸺⸺⸺⸺⸺⸺ 88

27 발해를 세운 대조영 ⸺⸺⸺⸺⸺⸺⸺⸺⸺⸺⸺ 90

28 바다 동쪽의 번성한 나라, 해동성국 ⸺⸺⸺⸺⸺⸺ 92

29 여러 나라와 교류하며 발전한 통일 신라 ⸺⸺⸺⸺⸺ 94

30 바다의 왕, 장보고 ⸺⸺⸺⸺⸺⸺⸺⸺⸺⸺⸺⸺ 96

• 역사가 보이는 유물 유적 찬란한 불교 예술 불국사와 석굴암 ⸺ 98
• 역사 퀴즈 ⸺⸺⸺⸺⸺⸺⸺⸺⸺⸺⸺⸺⸺⸺ 99
• 한눈에 보는 역사 마인드맵 ⸺⸺⸺⸺⸺⸺⸺⸺ 100

선사 시대와
고조선의 건국

구석기 시대
기원전 약 70만 년 전
돌을 떼어서 만든 도구를 사용했어요.

신석기 시대
기원전 8000년경
농사를 짓기 시작했어요.

고조선 건국
기원전 2333년경
우리나라 최초의 국가가 세워졌어요.

청동기 시대
기원전 2000년경
청동으로 도구를 만들어 사용했어요.

철기 시대
기원전 400년경
철기를 만들면서 농사가 활발해졌어요.

고조선 멸망
기원전 108년
중국 한나라의 공격을 받아 멸망했어요.

먹을 것을 찾아 떠돈 구석기 시대

기원전 약 70만 년 전에 살았던 구석기 시대 사람들은 어떻게 살았을까요?

구석기 시대 사람들은 주로 동굴이나 바위 그늘에서 생활했어요. 추위와 비바람, 사나운 동물의 공격을 피하기에 좋은 장소였어요. 사냥을 할 때는 돌을 떼어 내거나 깨뜨려 만든 뗀석기를 사용했지요.

"모두 주먹 도끼와 슴베찌르개를 챙겨 왔지? 자, 이제 사냥을 떠나 보자고!"

힘센 남자들은 위험을 무릅쓰고 사냥을 하러 동굴을 나섰어요. 동굴에 남은 사람들 중 몇몇은 강가로 가 물고기와 조개를 잡기로 했어요. 여자들과 노인들은 근처 숲으로 갔어요. 열매를 따거나 나무뿌리를 캐기 위해서였지요.

해 질 무렵이 되자 사냥에 성공한 남자들이 무사히 동굴로 돌아왔어요.

"오랜만에 고기를 맛보겠군! 모두 다치지 않고 돌아와서 정말 다행이야!"

동굴에 남아 있던 사람들은 기쁜 얼굴로 사냥해 온 동물을 손질했어요. 동물은 잘 손질하면 버릴 게 없었어요. 고기는 먹고, 가죽은 옷을 만들고, 뼈는 도구를 만들 수 있기 때문이지요.

주워 온 나뭇가지로 불을 피운 동굴은 따뜻했어요. 모두 둘러앉아 열매와 나무뿌리, 불에 구운 고기를 맛있게 먹었어요. 사냥에 성공한 덕분에 오랜만에 모두 배불리 먹었어요. 한 사람은 앞으로도 사냥이 잘되기를 바라며 동굴 벽에 그림을 그렸어요.

구석기 시대 사람들은 근처에 먹을거리가 동이 나면 먹을거리가 많은 곳을 찾아 떠돌아다녔어요.

주먹 도끼   슴베찌르개

역사 용어

기원전 예수가 태어나기 전의 시기, 예수가 태어난 뒤는 기원후.
주먹 도끼 손에 쥐고 사용하는 뗀석기로, 끝이 뾰족하며 날카로운 날이 있어 찍고 자르고 땅을 파는 등 다양하게 쓰임.
슴베찌르개 긴 나뭇가지에 묶어 짐승을 사냥할 때 창처럼 사용하는 뗀석기.

1 글을 읽고, 무엇에 대한 설명인지 쓰세요.

> 돌을 깨뜨리거나 떼어 내서 만든 것으로,
> 이것을 사용한 시기를 구석기 시대라고 해요.

2 구석기 시대 사람들은 주로 어디에서 살았는지 모두 찾아 ◯ 하세요.

동굴	움집	바위 그늘

3 구석기 시대 사람들의 생활 모습으로 맞으면 ◯, 틀리면 ✕ 하세요.

① 불을 피워 추위를 이겨 내고 음식을 익혀 먹었어요. --------------------- (   )
② 뗀석기를 사용해 짐승을 사냥했어요. --------------------- (   )
③ 사냥이 잘되기를 바라며 동굴에 그림을 그리기도 했어요. --------------------- (   )
④ 한곳에서 농사를 지으며 살았어요. --------------------- (   )

4 구석기 시대 사람들이 먹을거리를 구하는 방법을 두 가지 써 보세요.

----

5 구석기 시대 사람들이 불을 사용해 한 일을 두 가지 써 보세요.

 구석기 시대 사람들은 뗀석기를 사용해 채집과
사냥을 했고, 먹을거리를 찾아 떠돌아다녔어요.

농사를 지으며 정착한 신석기 시대

기원전 8000년경, 추운 빙하기가 끝나고 지구의 기후가 따뜻해졌어요. 충분한 햇살을 받은 들과 숲에는 식물이 무성해지고, 강과 바다에는 물고기가 많아졌어요. 사람들은 이제 먹을거리를 찾아 떠돌 필요가 없어졌어요. 물고기나 조개 등 먹을거리를 구하기 쉬운 강가나 바닷가에 모여 살았지요.

한곳에 정착해서 살게 된 사람들은 농사를 짓고, 돌을 갈아 만든 간석기를 사용했어요. 이 시기를 '신석기 시대'라고 해요. 간석기는 뗀석기보다 더 날카롭고, 정교해서 쓸모가 많았어요. 돌괭이, 돌보습으로 땅을 갈아 조나 수수 등을 길렀어요. 곡식을 거둔 뒤에는 갈판과 갈돌을 사용해 곡식의 껍질을 벗기거나 갈아 가루를 냈지요. 남은 곡식들은 빗살무늬 토기에 담아 보관했어요.

"곡식 가루와 물을 빗살무늬 토기에 넣고 불에 끓이면 맛도 좋고 먹기도 편해."

빗살무늬 토기는 음식을 만들 때도 사용했어요.

신석기 시대 사람들은 동굴 대신 움집에서 살았어요. 움집은 땅을 파고 나무로 기둥을 세운 뒤 풀이나 짚을 덮어 지은 집이에요. 움집 안에는 화덕을 만들어 놓았는데, 불을 피워 음식도 하고 난방도 할 수 있어 편리했어요. 움집 밖에는 울타리를 만들어 양이나 염소 같은 가축도 길렀지요. 가족과 친척들이 가까이에 움집을 짓고 모여 살며 씨족 사회를 이루었어요.

신석기 시대 사람들은 가락바퀴로 실을 뽑았어요. 이 실로 옷감을 짜서 뼈바늘로 꿰매어 옷을 만들어 입었어요. 조개껍데기나 동물의 송곳니 등으로 장신구를 만들어 멋을 부리기도 했지요.

갈판과 갈돌

빗살무늬 토기   가락바퀴

역사 용어
돌보습 땅을 파거나 가는 데 사용한 도구.
빗살무늬 토기 흙으로 만든 그릇으로, 모래나 진흙 바닥에 세우기 좋게 밑바닥이 뾰족함.
가락바퀴 둥근 구멍에 막대처럼 생긴 가락을 넣고 돌려서 실을 뽑는 도구.

1 글을 읽고, 알맞은 도구를 보기에서 찾아 쓰세요.

보기

갈판　돌보습
갈돌　가락바퀴

● 곡식의 껍질을 벗기거나 가루를 낼 때 사용했어요.

[　　　　] 과 [　　　　]

● 실을 뽑을 때 사용했어요.

[　　　　]

2 신석기 시대 사람들의 생활 모습으로 옳은 것을 모두 고르세요. (　　,　　,　　)

① 옮겨 다니지 않고 한곳에서 살며 농사를 짓기 시작했어요.
② 사냥하거나 열매를 따는 등 채집 생활만 했어요.
③ 움집에서 살며 화덕을 만들어 불을 피웠어요.
④ 조개껍데기나 동물의 송곳니 등으로 만든 장신구로 멋을 부렸어요.

3 신석기 시대 사람들은 빗살무늬 토기를 어떤 용도로 사용했는지 써 보세요.

- -

4 구석기 시대와 신석기 시대에 맞게 빈칸에 알맞은 말을 쓰세요.

	도구	의생활	식생활	주생활
구석기 시대	뗀석기	동물 가죽이나 풀잎 옷	사냥과 채집, 고기잡이	동굴이나 바위 그늘
신석기 시대		옷감을 짜서 바늘로 꿰매어 만든 옷	사냥과 채집, 고기잡이, 농사	

5 신석기 시대 사람들이 옮겨 다니지 않게 된 이유를 써 보세요.

- -

역사 포인트
신석기 시대 사람들은 한곳에 살며 농사를 짓고, 움집에서 살았어요.
돌을 갈아 만든 간석기와 빗살무늬 토기를 사용했어요.

최초로 세워진 국가의 이름은 고조선

우리나라에 최초로 세워진 국가는 고조선이에요. 고조선이 세워진 이야기는 『삼국유사』에 실려 전해 오고 있어요.

하늘을 다스리는 환인에게는 환웅이라는 아들이 있었어요. 환웅은 널리 인간 세상을 이롭게 하고자 바람, 비, 구름을 다스리는 신하를 거느리고 태백산으로 내려왔어요. 환웅은 그곳을 신시라 부르고 인간 세상을 다스렸어요. 그러던 어느 날, 곰과 호랑이가 환웅을 찾아와 사람이 되기를 청했어요.

"100일 동안 마늘과 쑥만 먹으며 햇빛을 보지 않으면 사람이 될 것이다!"

곰과 호랑이는 컴컴한 동굴로 갔어요. 하지만 호랑이는 참지 못하고 며칠 만에 동굴을 뛰쳐나가고 말았어요. 곰은 참고 견디어 마침내 아름다운 여인, 웅녀가 되었어요. 웅녀는 환웅과 결혼해 사내아이를 낳았어요. 사내아이는 자라 **단군왕검**이 되었어요. 단군왕검은 아사달을 **도읍**으로 정하고, 고조선을 세웠답니다.

이 이야기를 통해 몇 가지 역사적 사실을 짐작해 볼 수 있어요.

첫째, 환웅이 하늘에서 내려왔다는 것은 지배자의 신성함을 강조하려는 것이에요. 둘째, 바람, 비, 구름을 다스리는 신하를 데리고 왔다는 것은 고조선이 날씨의 영향을 받는 농사를 중요하게 생각하는 사회였다는 것과, 지배자는 농사를 잘되게 하는 능력이 있어야 했다는 것을 알려 주지요. 마지막으로, 환웅이 곰에서 사람이 된 웅녀와 결혼했다는 것은 하늘을 섬기는 환웅의 부족이 곰을 섬기는 부족과 결합했다는 것을 뜻한답니다.

『삼국유사』 고려 시대에 승려 일연이 쓴 역사책.
단군왕검 하늘에 제사를 지내는 사람인 '단군'과 정치 지배자인 '왕검'이 합쳐진 말.
도읍 한 나라의 수도. 으뜸이 되는 도시.

1 우리나라에 최초로 세워진 국가의 이름을 쓰세요.

2 글을 읽으면서 알맞은 말에 ◯ 하세요.

고조선이 세워진 이야기는 (『삼국사기』 / 『삼국유사』)에 실려 전해 오고 있어요.

3 고조선이 세워진 과정에 맞게 순서대로 번호를 쓰세요.

- 100일을 참고 견딘 곰은 웅녀로 변해 환웅과 결혼했어요. ----------------- ( )
- 환웅이 하늘에서 내려와 인간 세상을 다스렸어요. ----------------- ( )
- 곰과 호랑이가 환웅을 찾아와 사람이 되길 빌었어요. ----------------- ( )
- 웅녀가 낳은 사내아이가 자라 단군왕검이 되었어요. ----------------- ( )
- 단군왕검이 아사달을 도읍으로 정하고 고조선을 세웠어요. ----------------- ( )

4 다음 글로 알 수 있는 역사적 사실이 무엇인지 써 보세요.  수행평가 대비

① 환웅은 바람, 비, 구름을 다스리는 신하를 거느리고 태백산으로 내려왔어요.

----

② 곰은 참고 견디어 웅녀가 되었고, 웅녀는 환웅과 결혼했어요.

역사 포인트 고조선은 청동기 시대에 하늘의 자손임을 내세우는 강한 부족이 다른 부족과 결합해 세운 나라예요.

고조선에도 법이 있었다고?

고조선 사람들은 농사를 지으며 살았어요. 조, 콩, 보리, 벼 등을 길렀지요. 수확한 곡식을 시루를 이용해 쪄 먹기도 했는데, 시루는 바닥에 구멍이 여러 개 뚫려 있어 뜨거운 수증기로 음식을 찔 수 있도록 만들어진 그릇이에요. 음식을 먹을 때는 동물의 뼈로 만든 칼과 숟가락을 사용했어요.

집 짓는 기술이 좋아 땅 위에 움집을 지었어요. 집 안에는 흙으로 낮은 둑을 쌓아 부엌과 침실 등을 구분했어요.

대부분의 고조선 사람들은 삼베옷을 입고, 짚신을 신었어요. 신분이 높은 사람은 비단옷을 입고, 가죽신을 신기도 했어요.

고조선에는 나라 질서를 지키기 위한 법이 있었어요. 모두 8개 조항이었는데, 지금은 3개 조항만 전해지고 있어요. 이 조항을 살펴보면 고조선 사람들의 생활 모습과 고조선 사람들이 무엇을 중요하게 생각했는지 알 수 있어요.

'사람을 죽인 자는 사형에 처한다.'라는 조항을 통해 큰 죄를 지은 사람은 법으로 엄격하게 다스렸고, 사람의 생명을 중요하게 생각했다는 것을 알 수 있어요.

'남에게 상해를 입힌 자는 곡식으로 갚는다.'라는 조항은 농사를 지었다는 것과 개인이 재산을 가질 수 있었다는 것을 알려 주어요.

'남의 물건을 훔친 사람은 노비로 삼고, 죄를 면하려면 50만 전을 내야 한다.'라는 조항으로 미루어 볼 때 신분 제도가 있었다는 것을 알 수 있어요.

고조선은 오랫동안 번성하다가 기원전 108년에 한나라의 공격을 받아 멸망했어요.

사람을 죽였으니 사형에 처하겠다!

팔을 다치게 했으니 곡식을 받겠다!

물건을 훔쳤으니 노비로 삼겠다!

역사 용어
상해 남의 몸에 상처를 내어 해를 끼침.
신분 제도 태어날 때부터 그 출신에 따라 계급을 나누는 제도.
한나라 기원전 206년부터 220년까지 중국 땅을 다스린 나라.

1 글을 읽으면서 알맞은 말에 ○ 하세요.

　　고조선 사람들은 곡식을 (**시루** / **냄비**)에 쪄 먹었어요.

2 글을 읽으면서 빈칸에 들어갈 알맞은 숫자를 쓰세요.

　　고조선에는 나라 질서를 지키기 위한 ☐ 개 조항의 법이 있었어요.

　　지금은 ☐ 개 조항만 전해지고 있어요.

3 다음 법 조항으로 알 수 있는 고조선 사회의 모습을 써 보세요.

　　① 남에게 상해를 입힌 자는 곡식으로 갚는다.

　　--

　　② 남의 물건을 훔친 사람은 노비로 삼고, 죄를 면하려면 50만 전을 내야 한다.

　　--

4 고조선 사람들의 생활 모습으로 맞으면 ○, 틀리면 ✕ 하세요.

　　① 농사를 지으며 살았고, 조, 콩, 보리, 벼 등을 길렀어요. ------------------ (　　)
　　② 집 짓는 기술이 좋아 기와집을 지었어요. ---------------------- (　　)
　　③ 신분이 높은 사람은 비단옷을 입고, 가죽신을 신기도 했어요. ---------- (　　)
　　④ 큰 죄를 지은 사람은 법으로 엄격하게 다스렸어요. ------------------ (　　)

 고조선 사람들은 농사를 지었으며, 법을 가지고 있었어요. 고조선은 한나라의 공격을 받아 멸망했어요.

5 힘 있는 지배자가 다스리는 청동기 시대

기원전 2000년경, 사람들은 청동으로 도구를 만들기 시작했어요. 이 시기를 '청동기 시대'라고 해요. 청동은 재료가 귀하고 만드는 방법이 매우 까다로웠어요. 그래서 청동기 시대에도 농기구와 자주 쓰는 생활 도구는 여전히 돌과 나무로 만들어 사용했지요. 곡식을 수확할 때는 돌로 만든 반달 돌칼로 곡식의 이삭을 땄어요. 수확한 곡식은 무늬가 없는 민무늬 토기에 담아 보관했어요.

청동기 시대에는 농사를 짓는 기술이 크게 발달해 수확하는 곡식의 양이 많아졌어요. 남은 곡식을 서로 차지하려는 바람에 사람들 사이에 다툼이 생겼어요. 자연스럽게 다툼을 조정할 힘 있는 지배자가 나타났어요. 사람들은 그를 군장이라고 부르며 떠받들었어요.

군장은 마을을 다스리고, 곡식을 빼앗으려는 다른 부족으로부터 마을을 지켰어요. 때로는 전쟁을 해 다른 마을에서 곡식을 빼앗아 오기도 했어요.

"하늘이시여, 우리 마을에 올해도 풍년이 들게 도와주시옵소서!"

군장은 청동 거울을 목에 걸고 청동 방울을 흔들며 하늘에 제사를 지내기도 했어요. 군장만이 할 수 있는 일이었지요. 마을 사람들은 귀한 청동 검이나 청동 거울, 청동 방울로 치장한 군장을 존경하고 우러러보았어요.

군장이 죽으면 마을 사람들은 힘을 모아 커다란 돌로 고인돌이라는 무덤을 만들었어요. 존경을 많이 받은 군장일수록 고인돌이 크고 웅장했어요. 시간이 흐르면서 전쟁을 통해 점차 넓은 땅을 차지하고 많은 사람을 다스리는 강한 군장이 나타났어요. 이 군장을 중심으로 마침내 국가가 세워졌어요.

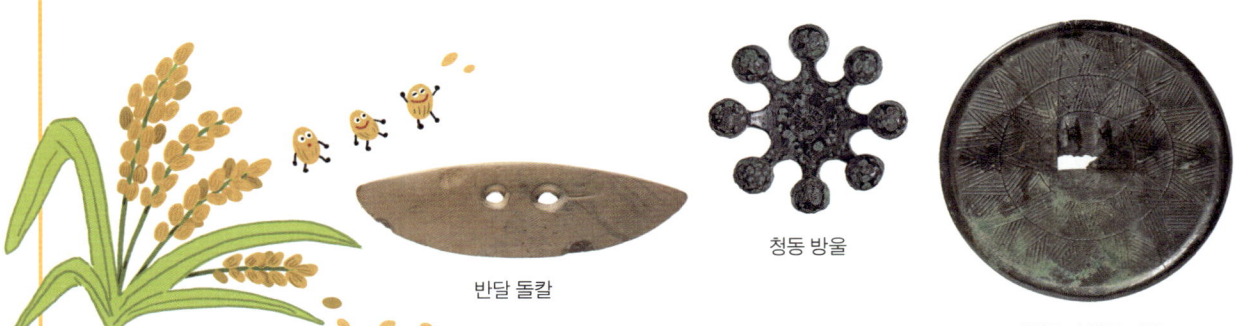

반달 돌칼

청동 방울

거친무늬 청동 거울

역사
용어
청동 구리에 주석 등을 섞어 불에 녹인 것.
반달 돌칼 구멍 사이로 끈을 꿰어 손에 잡고 곡식의 이삭을 자르는 반달 모양의 돌로 만든 칼.
조정 가운데서 화해시키거나 서로 의논할 수 있게 함.

1 청동기 시대에 돌과 나무로 만든 생활 도구를 사용한 이유를 써 보세요.

- -

2 청동기 시대에 곡식의 이삭을 딸 때 사용한 도구는 무엇인지 쓰세요.

3 지배자인 군장이 한 일이 <u>아닌</u> 것을 고르세요. (　　　　)

① 다른 마을과 전쟁을 해서 곡식을 빼앗아 왔어요.
② 마을을 위해 큰 집을 지었어요.
③ 청동 방울을 흔들며 하늘에 제사를 지냈어요.
④ 마을 사람들끼리 다투면 다툼을 조정했어요.

4 군장이 하늘에 제사를 지낼 때 쓰던 청동으로 만든 물건들은 무엇인지 쓰세요.

| | | | | | , | | | | | |

5 군장이 죽으면 어떻게 했는지 빈칸에 들어갈 알맞은 말을 쓰세요.

마을 사람들은 힘을 모아 커다란 돌로 [　　　　] 이라는 무덤을 만들었어요.

> **역사 포인트** 청동기 시대에는 마을을 다스리는 지배자가 나타났고, 점차 지배자의 힘이 커지면서 국가가 세워졌어요.

17

청동기 시대의 무덤 **고인돌**

청동기 시대에는 지배자가 죽으면 커다란 돌로 무덤을 만들었어요. 이 무덤을
고인돌이라고 불러요. 말 그대로 받침돌로 덮개돌을 '고인' 모양이기 때문이지요.
고인돌 아래에서는 죽은 사람과 함께 석기와 토기, 청동기 유물 등이 발견되기도 해요.
세계 곳곳에서 고인돌이 발견되지만 특히 우리나라에 가장 많이 남아 있어요.
전라북도 고창, 전라남도 화순, 인천광역시 강화 지역의 고인돌은 유네스코 세계
문화유산으로 등재되어 있어요.

강화 부근리 고인돌

고인돌은
어떻게 만들었을까?

구멍을 판 뒤
받침돌을 옮긴다.

받침돌을 세운 뒤
흙을 덮는다.

흙 위로 덮개돌을
끌어 올린다.

흙을 치우고,
죽은 사람을 묻는다.

암호를 풀어라!

 청동기 시대 사람들이 그림을 그려서 전하고 싶은 말을 써 놓았대요.
암호 풀이 방법을 보고, 무슨 내용인지 쓰세요.

암호 풀이 방법

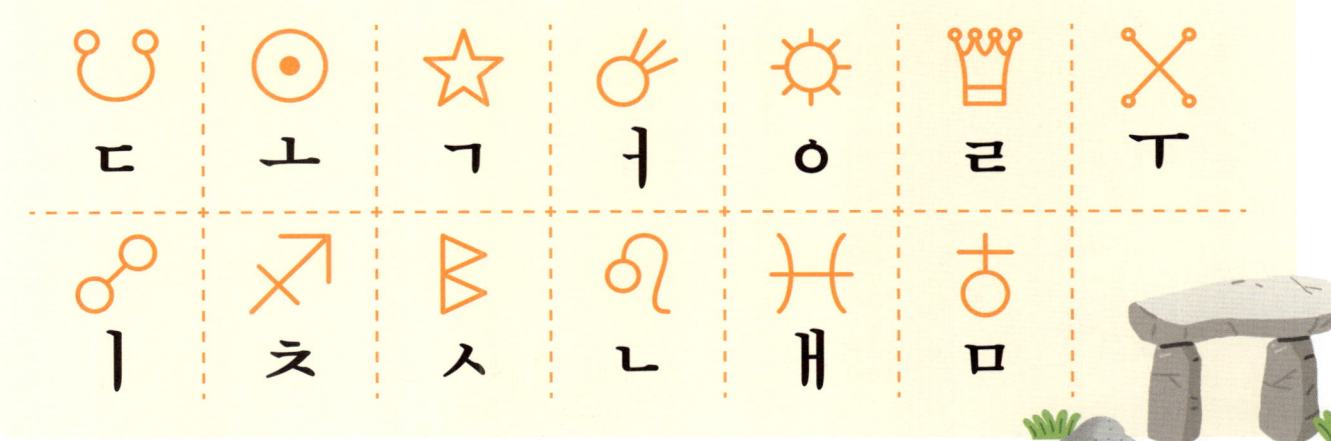

19

한눈에 보는 역사 마인드맵

괄호에 들어갈 알맞은 말을 보기 에서 찾아 쓰면서 '선사 시대'와 '청동기 시대'에 대해 정리해 보세요.

먹을거리가 많은 곳을 찾아 떠돌아다녔다.

주로 사냥과 채집으로 먹을거리를 구했다.

① 돌을 떼어 내거나 깨뜨려 만든 (   )를 사용했다.

② 주로 (   )이나 바위 그늘에서 살았다.

구석기 시대

선사 시대

신석기 시대

③ 사용하기 좋게 돌을 갈아 만든 (   )를 사용했다.

⑤ 땅을 파고 나무로 기둥을 세운 뒤 풀이나 짚을 덮은 (   )을 짓고 살았다.

바닷가나 강가에 모여 살며 마을을 이루었다.

가락바퀴로 실을 뽑았고, 그 실로 옷감을 짜서 옷을 만들어 입었다.

④ 처음으로 (   )를 짓고, 가축을 길렀다.

수확한 곡식은 민무늬 토기에 담아 보관했다.

⑦ 지배자가 죽으면 커다란 돌로 (   )이라는 무덤을 만들었다.

⑥ (   )로 곡식의 이삭을 땄다.

청동으로 만든 거울, 방울, 검 등은 지배자가 하늘에 제사를 지낼 때나 지배자의 무기나 장신구로 쓰였다.

청동기 시대

고조선은 큰 죄를 법으로 엄격하게 다스렸고, 개인의 재산을 인정했으며, 신분 제도가 있는 사회였다.

고조선

8개 조항의 법이 있었다.

우리나라에 최초로 세워진 국가이다.

사람들은 농사를 지으며 땅 위로 올라온 움집에서 살았다.

⑧ (   )이 아사달을 도읍으로 정하고 세운 나라이다.

보기 떼석기 동굴 단군왕검 간석기 움집 반달 돌칼 고인돌 농사

삼국 시대

삼국과
가야 건국

기원전 57년

신라 건국
알에서 나온 박혁거세가 세운 나라예요.

기원전 37년

고구려 건국
활을 잘 쏘는 주몽이 세운 나라예요.

기원전 18년

백제 건국
주몽의 아들 온조가 세운 나라예요.

42년

금관가야 건국
김수로가 세운 나라예요.

○ 글을 읽으면서 중요하다고 생각되는 문장에는 밑줄을 긋고, 단어에는 별표를 그려 보세요.

6 알에서 나와 신라의 왕이 된 박혁거세

고조선이 멸망한 뒤 한반도 곳곳에 여러 나라가 나타났어요. 진한 땅인 경주 지역에 이후 신라로 발전하는 사로국이 가장 먼저 세워졌어요. 사로국에 대해 전해 내려오는 이야기가 있어요.

옛날 진한 땅인 경주 지역에는 여섯 마을이 있었어요. 어느 날, 여섯 마을의 촌장들이 높은 곳에 올라가 도읍으로 삼을 곳을 살피고 있었어요. 그런데 갑자기 하늘에서 밝은 빛 줄기가 내려오더니 한 우물가를 비추었어요.

"우리 우물가로 가 봅시다!"

우물가에는 흰말 한 마리가 울고 있었어요. 잠시 뒤 흰말은 하늘로 올라갔어요. 놀랍게도 말이 떠난 자리에는 커다란 알이 하나 있었어요.

촌장들이 알을 지켜보자 알이 저절로 깨지더니 사내아이가 나왔어요. 사내아이의 몸에서는 신비로운 빛이 뿜어졌지요.

"하늘이 보낸 귀한 아이가 틀림없소!"

촌장들은 기뻐하며 세상을 밝게 한다는 뜻으로 아이의 이름을 '혁거세'로, 성은 박처럼 둥근 알에서 나왔다고 하여 '박'으로 지었지요.

박혁거세가 열세 살이 되자, 촌장들은 박혁거세를 왕으로 모셨어요. 박혁거세는 새로운 나라 사로국의 첫 번째 왕이 되었어요. 사로국은 발전하여 신라가 되었어요.

진한 신라가 세워지기 전 지금의 경상북도 지역에 있었던 작은 나라.
사로국 경주에 있던 작은 나라로, 503년 지증왕 때 나라 이름을 신라로 바꿈.

1 글을 읽으면서 알맞은 말에 ○ 하세요.

(**경주** / **한양**) 지역에는 촌장들이 다스리는 (**여덟** / **여섯**) 마을이 있었어요.

2 여섯 촌장이 높은 곳으로 올라간 이유는 무엇인지 써 보세요. ···수행평가대비

- -

3 여섯 촌장들이 본 신비로운 일을 모두 고르세요. (　　　,　　　,　　　)

① 큰 소리가 나더니 도읍으로 삼을 곳이 나타났어요.
② 흰말이 우물가에서 울고 있다가 하늘로 올라갔어요.
③ 말이 떠난 자리에 커다란 알이 하나 있었어요.
④ 알이 저절로 깨지더니 사내아이가 나왔어요.

4 촌장들이 지은 아이 성과 이름을 쓰고, 그 뜻을 써 보세요. ···수행평가대비

아이 성: 　　　　　　　　　　　 뜻:
- - - - - - - - - - - - - - - - 　　　 -

아이 이름: 　　　　　　　　　　 뜻:
- - - - - - - - - - - - - - - - 　　　 -

5 글을 읽으면서 빈칸에 들어갈 알맞은 말을 쓰세요.

- 박혁거세는 [　　　　　] 의 첫 번째 왕이 되었어요.

- 사로국은 발전하여 [　　　　] 가 되었어요.

> 역사포인트 촌장들은 박혁거세를 하늘에서 내려온 아이라 여겨 사로국의 첫 번째 왕으로 모셨어요. 그 뒤 사로국은 발전하여 신라가 되었어요.

고구려를 세운 주몽

압록강 중류 지역에는 고구려가 세워졌어요. 고구려 건국에 관해 전해 내려오는 이야기가 있어요.

하늘 신의 아들 해모수는 연못가에 내려왔다가 물의 신인 하백의 딸 유화를 만나 사랑에 빠지게 되었어요. 해모수는 유화에게 결혼을 약속한 뒤 하늘로 올라갔어요. 홀로 남게 된 유화는 집에서 쫓겨나 **부여**의 금와왕을 따라 궁궐로 가게 되었어요.

얼마 뒤 신비한 빛이 유화를 비추더니 유화는 커다란 알을 낳았어요. 알에서는 건강한 사내아이가 태어났지요. 사내아이는 어려서부터 활을 잘 쏘아, 활을 잘 쏘는 사람을 뜻하는 주몽이라고 불렸어요.

주몽은 부여의 일곱 왕자와 함께 자랐어요. 부여 왕자들은 자신들보다 뛰어난 주몽에게 왕의 자리를 빼앗길까 봐 주몽을 미워했어요. 그러던 어느 날, 주몽은 왕자들이 자신을 죽이려고 한다는 것을 알게 되었어요. 주몽은 자신을 따르는 사람들을 이끌고 남쪽으로 도망쳤어요. 이윽고 주몽 일행은 강가에 다다랐어요. 그런데 강이 너무 깊어 건널 수가 없었어요.

"나는 하늘의 자손이자, 물의 신 하백의 손자이다. 내가 건널 길을 만들어라!"

주몽이 외치자 놀랍게도 물고기들과 자라들이 나타나 다리를 만들었어요. 주몽은 쫓아오는 부여 군사들을 따돌리고 무사히 강을 건넜어요. 주몽은 **졸본**에 나라를 세우고, 나라 이름을 고구려라고 했어요. 고구려는 점차 많은 백성들이 모여들어 큰 나라로 성장했어요.

 부여 기원전 2세기경부터 494년까지 북만주 지역에 있었던 나라.
졸본 고구려의 첫 도읍으로, 오늘날 중국 랴오닝성 환런 지역.

1 글을 읽으면서 빈칸에 들어갈 알맞은 말을 쓰세요.

하늘 신의 아들 [   ] 는 물의 신인 하백의 딸 [   ] 를 만나 사랑에 빠졌어요.

2 주몽에 대한 설명으로 옳은 것을 모두 고르세요. (,   )

① 어려서부터 활을 잘 쏘았어요.

② 부여 금와왕의 첫 번째 아들이에요.

③ 강에 돌을 놓아 긴 다리를 만들었어요.

④ 부여에서 남쪽으로 내려와 졸본에 고구려를 세웠어요.

3 알에서 나온 사내아이가 주몽으로 불리게 된 이유를 써 보세요. ⋯⋯ 수행평가 대비

_ _

4 주몽이 부여에서 남쪽으로 가게 된 이유를 써 보세요. ⋯⋯ 수행평가 대비

_ _

_ _

5 괄호에 들어갈 말이 바르게 짝 지어진 것을 고르세요. (   )

주몽은 (   )에 나라를 세우고, 나라 이름을 (   )라고 했어요.

① 졸본-부여   ② 졸본-고구려   ③ 고구려-졸본   ④ 부여-졸본

 역사 포인트   주몽은 부여를 떠나 남쪽으로 내려와서 졸본에 고구려를 세웠어요.

8 ○ 온조와 비류 중 백제를 세운 사람은 누구일까?

한강 유역에는 백제가 세워졌어요. 백제 건국에 대해서도 전해 내려오는 이야기가 있어요.

고구려를 다스리던 주몽에게는 두 아들이 있었어요. 첫째는 비류, 둘째는 온조였지요. 어느 날, 주몽이 부여에 있을 때 낳은 아들 유리가 주몽을 찾아왔어요. 주몽은 크게 기뻐하며 유리에게 왕의 자리를 물려주겠다고 말했어요.

"유리가 왕이 되면 왕의 자리를 지키기 위해 우리를 해칠지도 몰라. 우리 새로운 곳에 가서 새 나라를 세우자!"

비류와 온조는 고구려를 떠나 남쪽으로 내려갔어요.

"큰 강과 넓은 평야, 낮은 산이 있는 이곳이 좋겠어."

온조는 한강 근처의 위례성을 도읍으로 정하고 나라를 세웠어요. 비류는 바닷가 근처 미추홀에 나라를 세웠지요. 바다가 가까워야 중국과 교류하기 좋다고 생각했기 때문이에요. 하지만 미추홀은 물이 짜서 곡식이 잘 자라지 못했어요.

'백성들이 굶주림에 힘들어하니 이 일을 어찌하면 좋단 말인가!'

비류는 괴로워하다 그만 죽고 말았어요. 미추홀에 살던 백성들은 온조를 찾아갔어요. 온조는 이들을 받아들이고, 십제였던 나라 이름을 백제로 바꾸었어요.

백제는 한강 유역을 중심으로 점점 큰 나라로 발전하게 되었어요.

위례성 한강 부근에 있었던 백제의 첫 번째 도읍지.
미추홀 지금의 인천 부근.

1 글을 읽고, 짐작해 볼 수 있는 상황을 고르세요. (   )

> 백제를 세운 온조는 고구려 주몽의 아들이다.

① 고구려가 백제보다 더 약한 나라이다.   ② 백제는 고구려 사람들이 세운 나라이다.

2 글을 읽으면서 빈칸에 들어갈 알맞은 말을 쓰세요.

온조는 [   ] 였던 나라 이름을 [   ] 로 바꾸었어요.

3 백제가 세워지는 과정에 맞게 순서대로 번호를 쓰세요.

● 온조는 위례성에, 비류는 미추홀에 나라를 세웠어요. ----------------- (   )
● 온조와 비류가 고구려를 떠나 남쪽으로 내려갔어요. ----------------- (   )
● 주몽이 유리에게 왕의 자리를 물려주겠다고 했어요. ----------------- (   )
● 온조가 미추홀 백성을 받아들이고, 나라 이름을 백제로 바꾸었어요. ----------- (   )

4 온조가 위례성을 도읍으로 정한 이유를 써 보세요.

- -

5 비류가 바닷가 근처 미추홀에 나라를 세운 이유를 써 보세요.

- -

역사 포인트   온조는 위례성에 도읍을 정하고 나라를 세웠어요. 그 뒤 미추홀 백성을 받아들이고 나라 이름을 백제로 바꾸었어요.

9 여섯 가야는 어떻게 생겼을까?

　　낙동강 하류 지역에는 여섯 가야가 세워졌어요. 여섯 가야가 어떻게 세워졌는지에 대해서도 전해 내려오는 이야기가 있어요.

　　가야가 세워지기 전, **변한** 지역은 간이라고 불리는 아홉 명의 촌장이 다스리고 있었어요. 어느 날 촌장들이 **구지봉**에서 제사를 지내는데 하늘에서 이상한 소리가 들렸어요.

　　"'거북아, 거북아 머리를 내놓아라. 그러지 않으면 구워 먹으리'라는 노래를 부르며 춤을 추어라. 그러면 하늘에서 너희의 왕이 내려올 것이다."

　　촌장들은 시키는 대로 막대를 두드리며 노래를 부르고 춤을 추었어요. 그러자 하늘에서 붉은 보자기에 싸인 금빛 상자가 내려왔어요. 상자 안에는 황금색 알 여섯 개가 들어 있었지요. 12일 뒤, 알에서 사내아이 여섯 명이 나왔어요. 사람들은 그중 가장 먼저 나온 아이를 **김수로**라고 불렀어요.

　　여섯 아이는 자라 여섯 가야의 왕이 되었어요. 여섯 가야는 금관가야, 대가야, 아라가야, 고령가야, 소가야, 성산가야예요. 김수로는 금관가야의 왕이 되었지요. 여섯 가야는 금관가야와 대가야를 중심으로 발전했어요.

변한 지금의 부산과 경상남도 지역에 있었던 작은 나라.
구지봉 경상남도 김해시에 있는 산봉우리로, 거북이 엎드려 있는 모습을 닮음.
김수로 금관가야를 세운 왕. 김해 김씨의 시조.

1 가야가 세워지기 전, 누가 변한 지역을 다스리고 있었는지 빈칸에 들어갈 알맞은 말을 쓰세요.

[   ] 이라고 불리는 아홉 명의 [   ] 이 다스리고 있었어요.

2 하늘의 소리를 듣고, 촌장들이 왕을 맞이하기 위해 한 일을 써 보세요. ⋯ 수행평가 대비

- -

3 여섯 가야가 세워지는 과정에 맞게 순서대로 번호를 쓰세요.

- 상자 안에는 황금색 알 여섯 개가 들어 있었어요. - - - - - - - - - - - - (   )
- 12일 뒤, 알에서 여섯 아이가 나왔어요. - - - - - - - - - - - - - - - - - (   )
- 여섯 아이는 자라 여섯 가야의 왕이 되었어요. - - - - - - - - - - - - - (   )
- 하늘에서 붉은 보자기에 싸인 금빛 상자가 내려왔어요. - - - - - - - - - (   )

4 글을 읽으면서 빈칸에 들어갈 알맞은 말을 보기 에서 찾아 쓰세요.

보기

대가야
금관가야
김수로

- 알에서 가장 먼저 나온 아이를 [   ] 라고 불렀어요.

- 김수로는 [   ] 의 왕이 되었어요.

5 여섯 가야의 이름을 모두 쓰세요.

- -

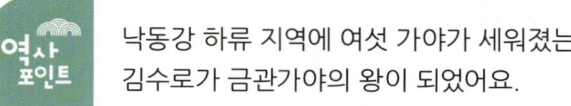
역사 포인트   낙동강 하류 지역에 여섯 가야가 세워졌는데, 김수로가 금관가야의 왕이 되었어요.

백제의 유적지 몽촌토성과 풍납토성

온조가 도읍으로 삼은 위례성은 한강을 끼고 있어 물이 풍부하고, 땅이 기름져 농사를 짓기 좋았어요. 또 한강을 따라 배를 타고 황해로 나갈 수 있어 중국 등 다른 나라와 교류하기도 좋았지요. 위례성이 오늘날 어디인지 아직 정확히 밝혀지지 않았어요. 그런데 한강 근처에서 백제의 토성인 몽촌토성과 풍납토성이 발견되었어요. 학자들은 풍납토성이 위례성일 것으로 추측하고 있어요.

몽촌토성

낮은 언덕 위에 흙을 쌓은 뒤, 목책을 세우고 주위에는 도랑을 파 물을 채워서 적의 침입을 막았던 성이에요. 중국의 동전 무늬가 새겨진 토기, 금 장신구 등 진귀한 유물이 발견되었어요. 오늘날 서울 송파구 방이동에 있어요.

몽촌토성

목책
적의 침입을 막기 위해 세운 나무 울타리예요.

풍납토성

한강을 따라 세워진 성으로, 흙을 다져 쌓은 성벽의 원래 모습이 남아 있어요. 여러 곳에서 건물터가 발견되고, 귀한 청동 자루솥과 기와, 토기 등이 발견되어 위례성일 것으로 추측되고 있어요. 오늘날 서울 송파구 풍납동에 있어요.

풍납토성

청동 자루솥
손잡이가 달려 있는 청동 자루솥으로 중국에서 만들어진 것이에요.

지그재그 사다리 타기

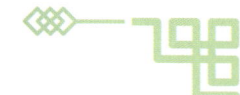

어느 토성에 대한 설명일까요? 사다리를 타고 가서 확인해 보세요.

손잡이가 달려 있는 청동 자루솥이 발견되었어요.

토성 주위에 도랑을 파고 물을 채워 적의 침입을 막았어요.

적의 침입을 막기 위해 목책을 세웠어요.

백제의 위례성일 것으로 추측되고 있어요.

풍납토성

몽촌토성

33

괄호에 들어갈 알맞은 말을 보기 에서 찾아 쓰면서 '건국 신화'에 대해 정리해 보세요.

알에서 나왔다.

열세 살에 사로국의
첫 번째 왕이 되었다.

박혁거세

신라

① 사로국은 발전하여
(   )가 되었다.

건국 신화

알에서 나왔다.

주몽

고구려

하늘 신의 아들 해모수와 물의 신인
하백의 딸 유화 사이에서 태어났다.

② 부여를 떠나 졸본에
(   )를 세웠다.

미추홀 백성을 받아들이고 나라 이름을 십제에서 백제로 바꾸었다.

백제

온조

③ 한강 근처의 (   )을 도읍으로 정하고 나라를 세웠다.

고구려 주몽의 아들이다.

④ 위례성은 (   )을 끼고 있어 물이 풍부하고 땅이 기름져 농사짓기 좋았다.

비류

⑤ 비류는 바닷가 근처 (   )에 나라를 세웠다.

가야

금빛 상자 안에 황금색 알 여섯 개가 들어 있었다.

김수로

⑥ (   )의 왕이 되었다.

여섯 알에서 여섯 아이가 나왔고, 자라서 여섯 가야의 왕이 되었다.

보기 금관가야 신라 미추홀 위례성 한강 고구려

삼국 시대

삼국의 발전

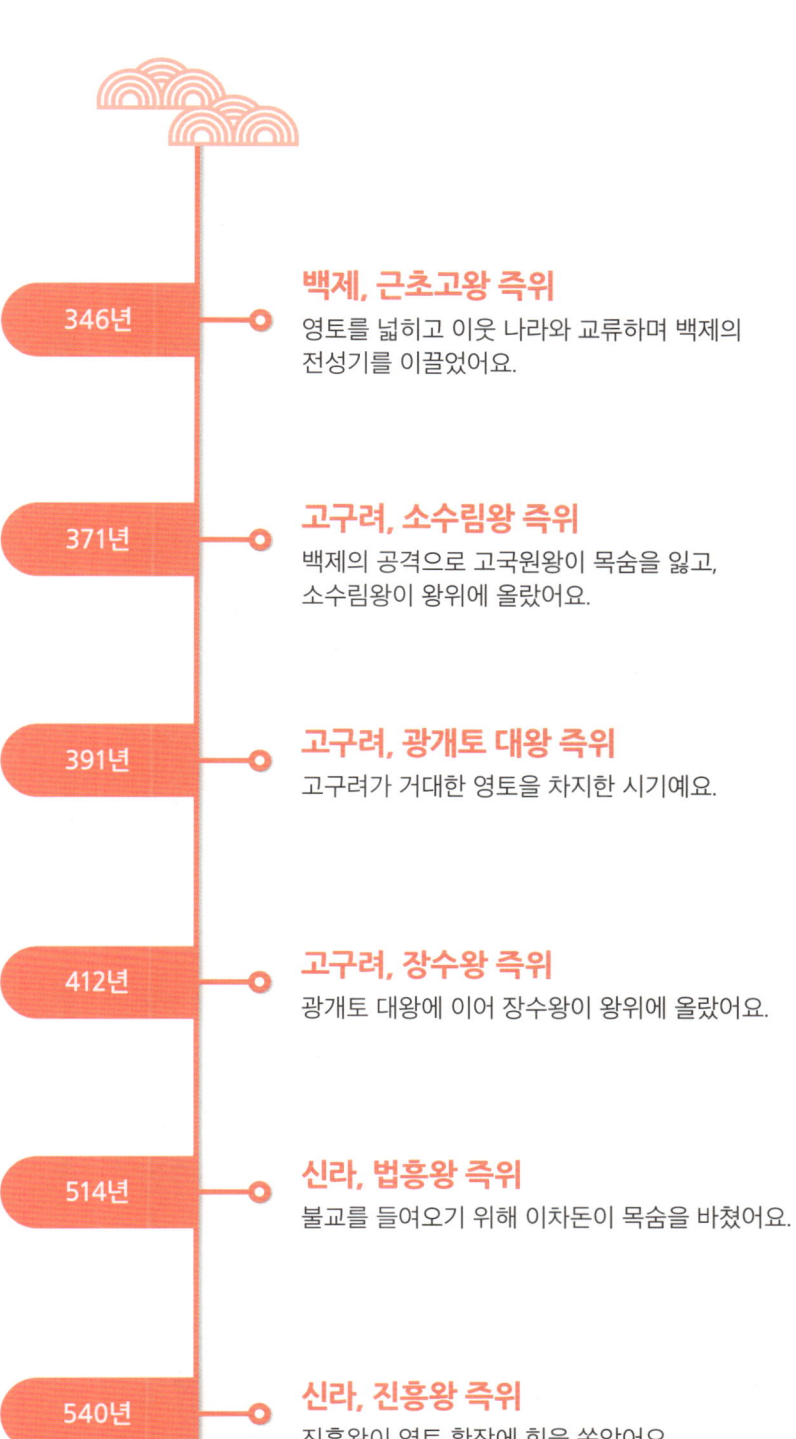

346년

백제, 근초고왕 즉위
영토를 넓히고 이웃 나라와 교류하며 백제의
전성기를 이끌었어요.

371년

고구려, 소수림왕 즉위
백제의 공격으로 고국원왕이 목숨을 잃고,
소수림왕이 왕위에 올랐어요.

391년

고구려, 광개토 대왕 즉위
고구려가 거대한 영토를 차지한 시기예요.

412년

고구려, 장수왕 즉위
광개토 대왕에 이어 장수왕이 왕위에 올랐어요.

514년

신라, 법흥왕 즉위
불교를 들여오기 위해 이차돈이 목숨을 바쳤어요.

540년

신라, 진흥왕 즉위
진흥왕이 영토 확장에 힘을 쏟았어요.

율령

10 백제의 전성기를 이룩한 정복왕은 누구일까?

한강 유역에 세워진 백제는 점차 세력을 키워 나갔어요. 346년, 비류왕의 둘째 아들로 태어난 근초고왕은 백제의 열세 번째 왕이 되었어요.

"백제를 가장 강한 나라로 만들고 말겠어!"

근초고왕은 자신의 꿈을 이루기 위해 먼저 남쪽의 마한을 공격해 지금의 전라도 지역까지 땅을 넓혔어요.

이 무렵 고구려가 자주 백제를 공격해 왔어요. 근초고왕은 군사를 이끌고 고구려의 평양성을 공격했어요. 이 전쟁으로 고구려의 고국원왕은 목숨을 잃었고, 백제는 황해도 일부 지역을 차지하게 되었어요.

근초고왕 덕분에 백제는 어떤 나라도 넘볼 수 없는 강한 나라가 되었어요. 근초고왕은 박사 고흥에게 백제의 역사를 담은 역사책 『서기』를 쓰게 했어요.

"나라의 힘이 강해졌으니 이제 뱃길을 통해 주변 나라들과의 교류에 힘쓰도록 하여라!"

근초고왕은 바다 건너 중국 동진에 사신을 보내 발달된 문물을 들여왔어요. 섬나라인 일본에는 백제의 학자를 보내 한자와 유교 등을 전해 주었어요. 일곱 개의 칼날이 나뭇가지처럼 뻗어 있는 철로 만든 칼인 칠지도를 만들어 일본 왕에게 보내 주기도 했어요.

근초고왕은 백제의 땅을 넓혔을 뿐 아니라 이웃 나라와 활발하게 교류하며 백제의 전성기를 이끌었어요.

칠지도

**역사
용어**

마한 충청도, 전라도 지방에 걸쳐 있던 부족 국가.
동진 중국의 양쯔강 남쪽에 있던 나라로, 화려하고 세련된 귀족 문화가 발달했음.
전성기 세력이 강하고 왕성한 시기.

1 근초고왕이 한 일이 <u>아닌</u> 것을 고르세요. (   )

① 마한을 공격해 지금의 전라도 지역까지 땅을 넓혔어요.

② 중국 동진에 사신을 보내 발달된 문물을 들여왔어요.

③ 고구려의 공격을 막지 못해 평양성을 빼앗겼어요.

④ 일본에 백제의 학자를 보내 한자와 유교 등을 전해 주었어요.

2 근초고왕이 남쪽의 마한을 공격한 이유는 무엇인지 써 보세요. ··· 수행평가 대비

----

3 근초고왕이 고구려의 평양성을 공격해 일어난 일을 써 보세요. ··· 수행평가 대비

----

4 글을 읽으면서 빈칸에 들어갈 알맞은 말을 보기 에서 찾아 쓰세요.

보기
고흥   왕인
『서기』 『사기』

근초고왕은 박사 [   ] 에게 역사책 [   ] 를

쓰게 했어요.

5 근초고왕이 일본 왕에게 보낸 칠지도는 무엇인지 써 보세요. ··· 수행평가 대비

 역사 포인트 4세기, 근초고왕은 백제의 영토를 크게 넓히고, 중국 동진, 일본과 활발히 교류하며 백제의 전성기를 이끌었어요.

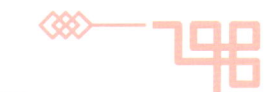

11 고구려의 전성기를 위한 소수림왕의 노력들

371년, 소수림왕이 고구려의 새로운 왕이 되었어요. 소수림왕은 백제와의 전쟁으로 목숨을 잃은 고국원왕의 아들이었어요.

"당장에라도 백제에 쳐들어가 아버지의 원수를 갚고 싶지만, 지금은 때가 아니야. 어지러운 나라의 기틀을 바로잡고 힘을 길러야 해."

어느 날, 중국 전진에서 순도 스님이 소수림왕을 찾아와 말했어요.

"불교를 받아들이시면 백성들이 왕을 부처처럼 믿고 따를 것입니다."

소수림왕은 크게 기뻐하며 국가의 권위를 높이기 위해 불교를 받아들이기로 했어요. 곳곳에 절을 짓고, 불상과 탑을 만들도록 했어요.

"지혜롭고 충성스러운 신하가 많아야 나랏일을 잘 돌볼 수 있어."

소수림왕은 인재를 키우기 위해 지금의 학교와 비슷한 태학도 세웠어요. 태학에서는 활쏘기, 말타기를 비롯해 유학도 가르쳤어요. 이곳에서 공부를 마친 사람은 나랏일을 하는 관리가 되었지요.

소수림왕은 나라를 다스리는 데 필요한 법인 율령을 만들어 널리 알렸어요. 율령에 따라 전쟁에서 도망치면 사형에 처했고, 남의 물건을 훔치면 두 배로 갚도록 했어요. 소수림왕의 노력으로 고구려는 점차 안정을 찾고 나라의 힘을 키워 갔어요.

역사용어
전진 중국의 양쯔강 북쪽에 있던 나라.
권위 남을 지휘하거나 통솔해 따르게 하는 힘.
태학 고구려에 있었던 국립 교육 기관으로 귀족의 자식을 교육함.

1 소수림왕이 한 일로 맞으면 ○, 틀리면 ✕ 하세요.

① 불교를 받아들여 절을 짓고 불상과 탑을 만들었어요. ------------------------------- (   )

② 태학을 세우고 인재를 길렀어요. --- (   )

③ 고국원왕의 원수를 갚기 위해 백제를 공격했어요. ------------------------------- (   )

④ 율령을 만들어 나라를 다스렸어요. -- (   )

2 고구려에 불교를 전한 나라와 사람이 바르게 짝 지어진 것을 고르세요. (   )

① 중국 동진-순도   ② 중국 전진-순도   ③ 중국 남진-고흥   ④ 일본-고흥

3 소수림왕이 불교를 받아들인 이유를 써 보세요. ...수행평가 대비

----

4 글을 읽고, 각각 무엇에 대한 설명인지 쓰세요.

● 활쏘기, 말타기, 유학을 가르치던 교육 기관   [|]

● 나라를 다스리는 데 필요한 법   [|]

5 고구려 율령의 내용을 두 가지 써 보세요. ...수행평가 대비

> **역사 포인트**
> 소수림왕은 불교를 받아들여 왕의 힘을 키우고, 율령을 만들어 나라를 다스렸어요.

광개토 대왕은
고구려의 영토를 얼마나 넓혔을까?

391년, 광개토 대왕이 고구려의 왕이 되었어요.

"백제를 공격해 잃어버린 땅을 되찾고 할아버지 고국원왕의 원수를 갚겠다."

광개토 대왕은 왕이 되자마자 백제를 공격했어요. 철갑옷을 입은 고구려 군사들은 거침없이 백제의 성을 공격했어요. 결국 백제는 항복했고, 고구려는 한강 북쪽 지역의 땅을 차지했어요.

이 무렵 가야와 일본이 손을 잡고 신라에 쳐들어갔어요. 신라 내물왕은 급히 고구려에게 도움을 요청했어요. 광개토 대왕은 군사 5만을 보내 가야와 일본의 연합군을 물리쳐 주었어요. 그리고 가야까지 공격했어요. 이제 고구려의 힘은 신라와 가야까지 미치게 되었어요.

광개토 대왕은 북쪽으로도 눈을 돌렸어요. 강한 군사력으로 북쪽의 나라들을 공격해 만주와 요동 지방을 차지했어요. 고구려는 드넓은 땅을 차지한 나라가 되었어요.

광개토 대왕의 뒤를 이은 장수왕은 거대한 '광개토 대왕릉비'를 세워 아버지의 업적을 기렸어요. 장수왕은 도읍을 국내성에서 바다로 진출하기 쉬운 대동강 유역의 평양성으로 옮기고, 백제를 공격해 한강 남쪽 지역을 차지하며 한반도 중부 지방까지 영토를 넓혔어요.

고구려는 광개토 대왕에서 장수왕에 이르는 동안 거대한 영토를 가진 강한 나라가 되어 전성기를 누렸어요.

광개토 대왕릉비

역사 용어

철갑옷 철로 만든 고구려 군사의 갑옷으로, 칼과 창으로는 뚫기 어려웠음.
요동 지방 중국 랴오허강의 동쪽 지방.
국내성 고구려의 제2대 유리왕이 졸본에서 옮긴 압록강 부근의 고구려 도읍.

1 고구려의 영토를 넓혀 고구려의 전성기를 누리게 했던 왕의 이름을 쓰세요.

,

2 다음 공격으로 고구려는 어디를 차지하게 되었는지 쓰세요.

> 광개토 대왕이 백제의 성을 공격해 백제의 항복을 받아 냈어요.

- -

3 광개토 대왕이 한 일을 모두 고르세요. (,   ,   )

① 신라에 군사를 보내 가야와 일본의 연합군을 물리쳐 주었어요.
② 바다 건너 일본을 공격해 일본의 땅까지 차지했어요.
③ 백제를 공격해 한강 북쪽 지역의 땅을 차지했어요.
④ 북쪽의 나라들을 공격해 만주와 요동 지방을 차지했어요.

4 광개토 대왕의 업적을 기리기 위해 장수왕이 세운 비석 이름을 쓰세요.

5 장수왕이 한 일을 두 가지 써 보세요. ...수행평가 대비

- -

- -

> **역사 포인트**
> 5세기, 광개토 대왕과 장수왕은 영토를 크게 넓히며 고구려의 전성기를 이끌었어요.

불교를 위해 희생한 이차돈

신라 법흥왕은 고민이 많았어요.

"백성들의 마음을 모으고 왕의 힘을 키우기 위해서는 불교가 필요해."

나라를 다스린 지 벌써 14년이나 되었지만 귀족들의 강한 반대로 불교를 받아들이지 못했기 때문이에요. 이미 고구려는 소수림왕 때, 백제는 침류왕 때 불교를 받아들여 왕을 중심으로 발전하고 있었어요.

어느 날, 신하 이차돈이 법흥왕을 찾아와 말했어요.

"전하, 불교를 위해 제 목숨을 바치겠습니다. 천경림에 절을 지을 테니, 귀족들이 반대하면 저를 죽여 주십시오."

이차돈은 신라의 전통 신들을 모신 숲, 천경림에 절을 짓기 시작했어요. 예상했던 대로 귀족들은 거세게 반대했어요. 법흥왕은 이차돈을 잡아들여 그의 목을 베라고 명령했어요.

"내가 죽고 기적이 일어난다면 그것이 바로 부처님이 계시다는 증거요."

이차돈이 말을 마치자 매서운 칼날이 그의 목을 베었어요. 그러자 정말로 기이한 일이 벌어졌어요. 하늘에서 꽃비가 내리고 땅이 심하게 흔들렸어요. 이차돈의 목에서는 붉은 피 대신 우윳빛 피가 높이 솟구쳐 올랐어요. 이 모습을 본 귀족들은 두려움에 벌벌 떨었어요.

귀족들은 더 이상 불교를 반대하지 않았어요. 법흥왕은 절을 지어 이차돈의 죽음을 위로했지요. 불교를 받아들인 신라는 백성들의 마음을 하나로 모아 나라를 더욱 발전시켜 나갔어요. 그 뒤 신라의 제41대 왕, 헌덕왕은 이차돈 순수비를 세워 이차돈의 죽음을 기렸어요.

이차돈 순교비

침류왕 백제의 제15대 왕으로, 인도의 승려 마라난타가 전한 불교를 받아들임.
이차돈 신라 법흥왕 때의 관리로, 불교를 전파하기 위해 목숨을 바쳤다는 이야기가 『삼국유사』와 『삼국사기』에 기록되어 있음.

1 법흥왕은 불교를 왜 받아들이고 싶어 했는지 그 이유를 써 보세요. 수행평가 대비

- -

- -

2 신라에 불교를 들여오기 위해 자신의 목숨을 바친 사람이 누구인지 쓰세요.

3 이차돈의 죽음으로 신라에 일어난 일을 고르세요. (   )

① 법흥왕이 왕의 자리에서 쫓겨났어요.　　② 귀족들이 불교를 더욱 강하게 반대했어요.
③ 귀족들이 이차돈을 부처처럼 믿게 되었어요.　　④ 신라가 불교를 받아들였어요.

4 이차돈의 죽음을 기리기 위해 세운 비석의 이름을 쓰세요.

5 세 나라가 어느 왕 때 불교를 받아들였는지 쓰세요.

① 백제　　　② 고구려　　　③ 신라

역사 포인트: 신라는 법흥왕 때 이차돈의 죽음으로 귀족들의 반대를 잠재우고 불교를 받아들였어요.

45

14 한강을 차지하며 신라의 전성기를 이끈 진흥왕

법흥왕 때 왕의 힘을 강하게 키우고 차츰차츰 발전하던 신라는 진흥왕 때에 전성기를 이루었어요. 진흥왕은 인재를 키우기 위해 이전부터 있던 청소년 수련 단체인 화랑을 새롭게 만들었어요. 화랑은 귀족의 자녀들 중에서 골라 뽑았으며, 무예와 학문을 익히며 세속 오계를 지켰어요. 화랑들은 충성스럽고 용맹한 신하와 장수가 되어 진흥왕을 도왔어요.

진흥왕은 신라의 영토를 넓히는 일에도 힘을 쏟았어요. 백제와 손잡고 고구려를 공격해서 한강 상류 지역을 차지했어요.

"신라가 한강을 모두 차지한다면 중국과 교류가 쉬워지고, 기름진 땅에서 나오는 곡식을 더 많이 얻을 수 있어."

진흥왕은 한강 하류 지역까지 모두 차지하기 위해 백제와 맺은 나제 동맹을 깨고 백제를 공격했어요. 신라의 공격을 예상하지 못했던 백제는 힘없이 무너지고 말았어요. 마침내 신라는 한강 유역을 모두 차지하게 되었어요.

진흥왕은 여기서 멈추지 않았어요. 남쪽으로는 대가야를 정복해 낙동강 유역을 차지했어요. 북쪽으로는 동해안을 따라 함경도까지 차지했지요. 신라는 진흥왕의 노력으로 크고 강력한 나라로 성장했어요.

서울 북한산
신라 진흥왕 순수비

세속 오계 승려 원광이 만든 화랑들이 지켜야 할 다섯 가지 규율.
나제 동맹 신라와 백제가 고구려의 공격을 막기 위해 433년에 맺은 동맹으로, 553년 진흥왕 때에 깨어짐.

1 글을 읽고, 어떤 단체인지 쓰세요.

> 신라 귀족의 자식들 중에서 뽑힌 젊은이들이 함께 모여 무예와 학문을 익히던 단체

2 진흥왕이 한 일을 모두 고르세요. (,   ,   )

① 화랑을 새롭게 만들었어요.　　　　② 한강 유역을 모두 차지했어요.

③ 고구려의 공격을 받아 함경도 땅을 내주었어요.　　④ 대가야를 정복해 낙동강 유역을 차지했어요.

3 신라가 백제와의 관계에 따라 차지한 지역을 찾아 줄로 이으세요.

백제와 손잡고 고구려를 공격해서 ●	● 한강 유역을 모두 차지함.
나제 동맹을 깨고 백제를 공격해서 ●	● 한강 상류 지역을 차지함.

4 진흥왕이 한강 유역을 모두 차지하려고 한 이유를 써 보세요.

- -

5 글을 읽으면서 빈칸에 들어갈 알맞은 말을 쓰세요.

진흥왕은 남쪽으로는 대가야를 정복해 [   ] 을 차지하고, 북쪽으로는 동해안을 따라

[   ] 까지 영토를 차지했어요.

역사 포인트 6세기, 진흥왕은 백제를 공격해 한강 유역을 모두 차지하고, 낙동강 유역에서부터 함경도까지 신라의 영토를 크게 넓혔어요.

역사 기록이 남아 있는 **비석**

고구려 장수왕은 광개토 대왕의 업적을 기리는 광개토 대왕릉비와 한반도 중부 지방까지 차지한 것을 기념하는 충주 고구려비를 세웠어요.
신라 진흥왕은 영토를 크게 넓힌 것을 기념하기 위해 단양 신라 적성비와 신라 진흥왕 순수비를 세웠어요. 이 비석들에는 여러 가지 역사 기록이 새겨져 있어요.

광개토 대왕릉비

높이가 6.39미터에 이르는 거대한 비석이에요. 비석에는 네 면에 걸쳐서 1,775자가 새겨져 있어요. 건국 신화와 비석을 세운 이유, 광개토 대왕이 영토를 넓힌 이유와 그 결과 등이 새겨져 있어요. 오늘날 중국 길림성 집안시에 있어요.

충주 고구려비

'중원 고구려비'라고도 불려요. 고구려 비석 중에 유일하게 우리나라 땅에 있어요. 장수왕의 업적이 기록되어 있으며, 당시 한반도 중부 지방이 고구려 영토였음을 알 수 있어요. 오늘날 충청북도 충주시에 있어요.

서울 북한산 신라 진흥왕 순수비

왕이 나라 안을 직접 돌아보는 일을 '순수'라고 하는데, 진흥왕이 새로 넓힌 영토를 돌아보고 북한산에 세운 비석이에요. 서울 북한산 신라 진흥왕 순수비는 신라가 한강을 차지했다는 것을 알려 주어요. 국보 제3호로 국립 중앙 박물관에서 보관하고 있어요.

단양 신라 적성비

신라가 고구려의 땅이었던 적성 부근을 차지하고 세운 비석이에요. 신라를 도왔던 적성 주민 야이차에게 상을 내린다는 내용과 앞으로 신라에 충성을 다하는 사람에게도 상을 내리겠다는 내용이 새겨져 있어요. 당시 삼국 관계를 이해하는 데 중요한 자료로, 국보 제198호예요. 오늘날 충청북도 단양군에 있어요.

글자를 찾아라!

비석에 대한 설명을 읽고, 퍼즐에서 설명에 맞는 비석의 이름을 찾아 번호와 같은 색으로 글자를 묶으세요.

① 진흥왕이 새로 정복한 영토를 직접 돌아보고, 북한산에 세운 비석이에요.

② 고구려 장수왕의 업적이 기록되어 있는 비석이에요.

③ 신라가 고구려의 땅이었던 적성 부근을 차지하고 세운 비석이에요.

④ 고구려 광개토 대왕의 업적이 새겨져 있는 거대한 비석이에요.

가		광	려	서	광	양	려	충
주	나		양	울	고		광	주
단	대	고	려	북		고	려	고
고	려	대		한	려	광		사
				산				마
		단	양	신	라	적	성	비
			라		대			
개	적	다		진	고	양	광	충
비				흥				주
광	개	토	대	왕	릉	비		고
산	영		려	순	대	광		구
북	양	토	광	수		고	양	려
처	려	광		비	양	려	대	비

괄호에 들어갈 알맞은 말을 보기 에서 찾아 쓰면서 '삼국의 발전'에 대해 정리해 보세요.

백제의 전성기를 이끌었다.

중국 동진에 사신을 보내 발달된 문물을 들여왔다.

근초고왕

백제

① 일본의 왕에게 (   )를 보내 주었다.

삼국의 발전

불교를 받아들였다.

태학을 세워 인재를 길렀다.

소수림왕

고구려

② 나라를 다스리는 데 필요한 법인 (   )을 만들었다.

광개토 대왕

백제를 공격해 한강 북쪽 지역을 차지했다.

신라를 도와 가야와 일본의 연합군을 물리쳐 주었다.

③ 북쪽의 나라들을 공격해 (   )와 요동 지방을 차지했다.

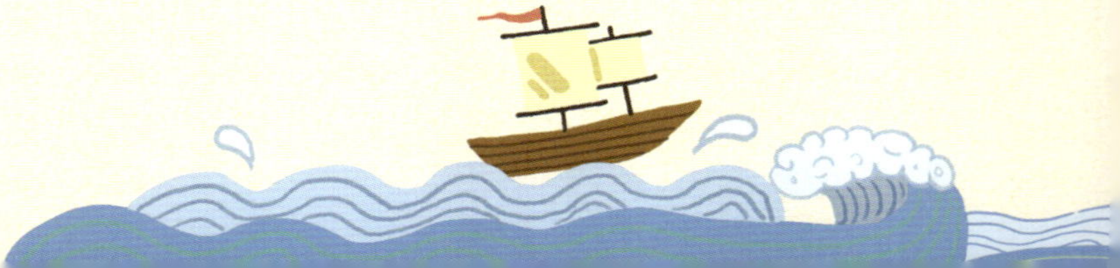

법흥왕

④ 이차돈의 죽음으로
( )를 받아들였다.

신라

⑤ 귀족의 자식들 중에서 골라
( )을 만들었다.

진흥왕

대가야를 정복해 낙동강 유역을 차지했다.

⑥ 나제 동맹을 깨고 백제를
공격해 ( ) 유역을
모두 차지했다.

백제를 공격해 한반도 중부
지방까지 영토를 넓혔다.

장수왕

⑦ 도읍을 국내성에서
( )으로 옮겼다.

⑧ 광개토 대왕의 업적을 기리기 위해
( )를 세웠다.

보기   율령 불교 평양성 칠지도 만주 화랑 한강 광개토 대왕릉비

삼국의 문화

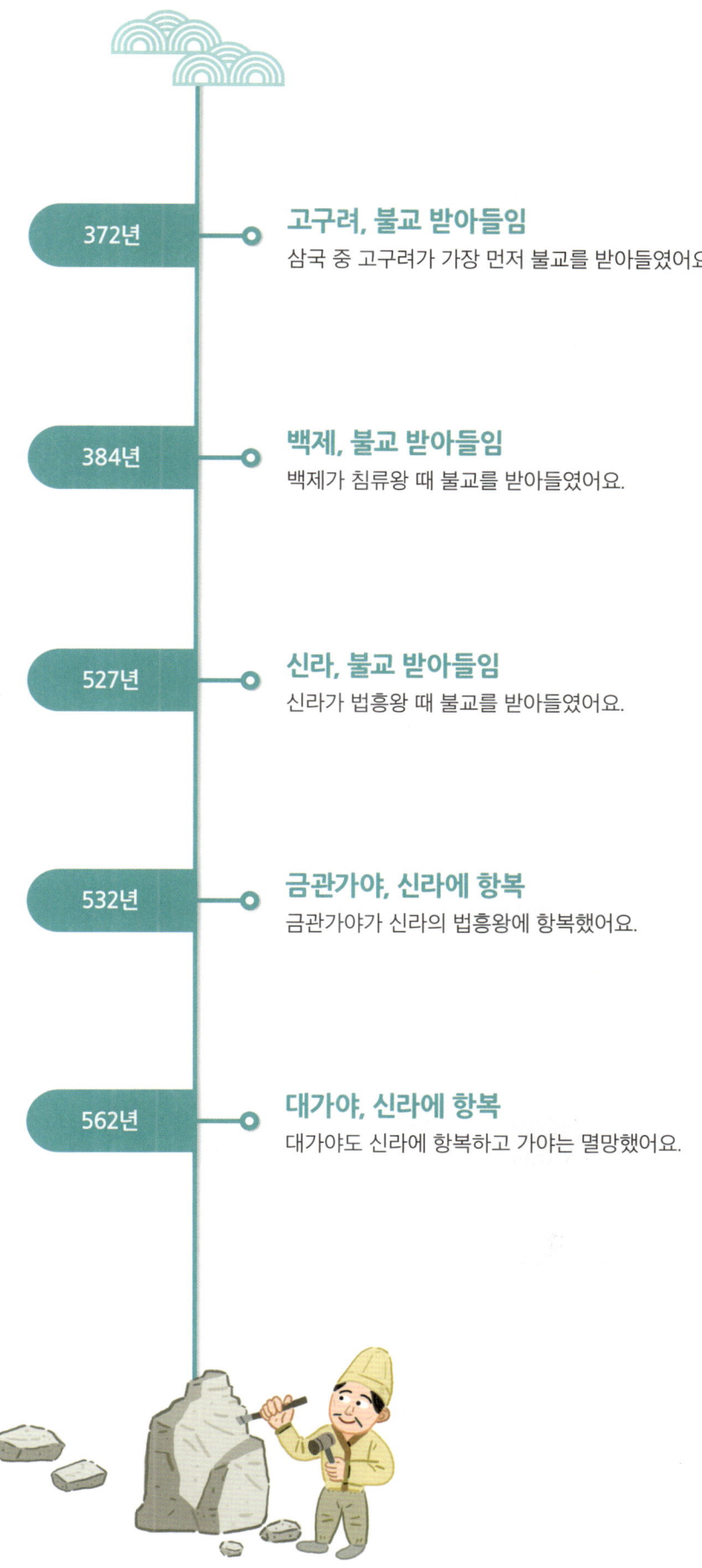

372년 　**고구려, 불교 받아들임**
삼국 중 고구려가 가장 먼저 불교를 받아들였어요.

384년 　**백제, 불교 받아들임**
백제가 침류왕 때 불교를 받아들였어요.

527년 　**신라, 불교 받아들임**
신라가 법흥왕 때 불교를 받아들였어요.

532년 　**금관가야, 신라에 항복**
금관가야가 신라의 법흥왕에 항복했어요.

562년 　**대가야, 신라에 항복**
대가야도 신라에 항복하고 가야는 멸망했어요.

삼국 시대 사람들은 어떻게 살았을까?

고구려, 백제, 신라 세 나라의 사람들은 태어날 때부터 신분이 정해져 있었어요. 신분은 귀족, 평민, 노비로 구분되었고, 신분에 따라 하는 일부터 사는 집의 크기와 모양까지 모든 것이 달랐어요.

귀족은 높은 관리가 될 수 있는 신분이에요. 관리가 되어 나라의 중요한 일을 결정했어요. 또 넓은 땅과 노비를 갖고 있었어요. 크고 멋진 기와집에서 쌀밥에 고기를 먹고, 비단으로 만든 옷을 입었지요.

평민은 대부분 농사를 짓고 살았어요. 주로 보리나 조, 콩 등의 잡곡밥을 먹고, 삼베옷을 입으며, 초가집에서 살았어요. 나라에 세금을 내고, 궁궐을 고치거나 성을 지을 때 불려 나가 일하기도 했어요. 전쟁이 일어나면 군인이 되어서 전쟁터에 나가 싸우기도 했지요.

노비는 세 가지 신분 중 가장 낮은 신분이었어요. 전쟁에서 잡힌 포로나 죄지은 사람도 노비가 되었어요. 귀족을 주인으로 모시며, 집안일을 하거나 농사를 지었어요. 주인은 노비를 물건처럼 사고팔기도 했어요.

신라에는 골품제라는 독특한 신분 제도가 있었어요. 타고난 신분에 따라 나누었고, 성골과 진골은 왕족, 6두품부터 4두품까지는 귀족, 3두품부터 1두품까지는 평민이었어요. 지방에 사는 사람과 노비는 골품이 없었어요. 골품에 따라 집의 크기나 옷의 색깔, 탈것의 종류까지 정해져 있었어요. 오를 수 있는 관직도 정해져 있어서 아무리 능력이 뛰어나도 골품에 따라 정해진 관직 이상은 올라갈 수 없었지요.

귀족

평민

 역사 용어

삼베옷 삼이라는 식물의 껍질로 짠 천으로 만든 옷.
관직 나랏일을 하는 자리. 벼슬.

1 삼국 시대 사람들은 언제부터 신분이 정해졌는지 써 보세요.

----

2 글을 읽으면서 알맞은 말에 ◯ 하세요.

- (**귀족** / **평민**)은 쌀밥을 먹었고, (**귀족** / **평민**)은 잡곡밥을 먹었어요.
- (**귀족** / **평민**)은 삼베옷을 입었고, (**귀족** / **평민**)은 비단옷을 입었어요.
- (**귀족** / **평민**)은 기와집에서 살았고, (**귀족** / **평민**)은 초가집에서 살았어요.

3 신라에만 있었던 독특한 신분 제도는 무엇인지 쓰세요.

4 신라는 골품에 따라 무엇이 서로 달랐는지 세 가지 써 보세요.

----

5 삼국 시대 사람들의 신분 제도로 맞으면 ◯, 틀리면 ✖ 하세요.

① 신라는 신분에 상관없이 관직에 오를 수 있었다. -------------------------- (   )
② 귀족은 높은 관리가 되어 나라의 중요한 일을 결정했다. ------------------ (   )
③ 평민은 전쟁이 일어나면, 군인이 되어서 전쟁터에 나가 싸우기도 했다. --------- (   )
④ 노비는 귀족을 주인으로 모시며 살았지만 주인이 마음대로 사고팔 수는 없었다. ---- (   )

> **역사 포인트** 삼국 시대에는 귀족, 평민, 노비로 신분이 정해져 있었고, 신분에 따라 하는 일, 입는 옷, 먹는 것, 집의 크기와 모양 등이 달랐어요.

16 불교 예술 작품에는 어떤 것들이 있을까?

고구려, 백제, 신라는 각각 시기는 달랐지만 모두 불교를 받아들였어요. '왕이 곧 부처다'라는 생각을 바탕으로 백성들의 마음을 하나로 모으고, 왕의 힘을 키웠어요.

불교는 왕과 귀족들을 중심으로 퍼져 나갔어요. 왕과 귀족들은 절을 짓고, 불상을 만들고, 탑을 세웠어요.

'백제의 미소'라고도 불리는 백제의 서산 용현리 마애여래 삼존상과 신라의 경주 배동 석조 여래 삼존 입상 중 본존불은 친근한 미소를 띤 부처의 모습으로 유명해요. 고구려의 금동 연가 칠년명 여래 입상은 광배가 있는데, 광배 뒷면에 불상을 만든 시기가 새겨져 있어요.

탑을 만드는 기술이 가장 앞선 나라는 백제였어요. 익산 미륵사지 석탑은 무왕 때 세워진 탑으로 목탑과 비슷한 방식으로 만들었어요. 부여 정림사지 오층 석탑도 목탑의 방식이 남아 있는 백제의 석탑이에요.

신라는 선덕 여왕 때 황룡사 구층 목탑을 세웠지만 고려 때 몽골의 침입으로 불에 타 버려 안타깝게도 지금은 볼 수 없어요. 신라의 탑 중에서 가장 오래된 탑은 경주 분황사 모전석탑이에요. 돌을 벽돌 모양으로 다듬어 9층으로 쌓아 올렸는데, 지금은 3층까지만 남아 있어요.

고구려의 탑은 아쉽게도 지금 남아 있는 것이 하나도 없어요. 이처럼 삼국에 불교가 전해지면서 불상과 탑 등 뛰어난 불교 예술 작품이 많이 만들어졌어요.

경주 배동 석조 여래 삼존 입상
본존불

금동 연가 칠년명 여래 입상

익산 미륵사지 석탑

부여 정림사지 오층 석탑

역사
용어
광배 부처의 성스러움을 표현하기 위해 머리나 등 뒤에 빛을 표현한 장식.
무왕 백제의 제30대 왕으로, 신라에 빼앗긴 영토를 찾기 위해 노력함.

1 삼국은 왜 불교를 받아들였는지 써 보세요.

_ _

2 글을 읽으면서 다음 백제의 불상과 관계있는 말을 빈칸에 쓰세요.

서산 용현리 마애여래 삼존상

서산 용현리 마애여래 삼존상은 부처가 친근한 미소를 띠고 있어

흔히 [   ] 의 [   ] 라고 불려요.

3 글을 읽으면서 알맞은 말에 ◯ 하세요.

고구려의 금동 연가 칠년명 여래 입상은 (**광대 / 광배**)가 있어요.

4 탑에 대한 설명으로 옳은 것을 모두 고르세요. (,   )

① 탑을 만드는 기술은 신라가 가장 앞서 있었어요.
② 익산 미륵사지 석탑은 목탑과 비슷한 방식으로 만들었어요.
③ 신라의 탑 중 가장 오래된 탑은 경주 분황사 모전석탑이에요.
④ 부여 정림사지 오층 석탑은 지금 남아 있는 고구려 탑이에요.

5 경주 분황사 모전석탑을 어떻게 만들었는지 써 보세요.

경주 분황사 모전석탑

_ _

_ _

 삼국은 불교를 받아들이면서 불상과 탑 등
뛰어난 불교 예술 작품을 많이 만들었어요.

하나가 되지 못해 사라진 철의 나라, 가야

낙동강 유역에는 금관가야, 성산가야, 아라가야, 소가야, 대가야, 고령가야 이렇게 여섯 가야가 모여 있었어요. 여섯 가야는 힘이 비슷하다 보니 하나로 합쳐지지 못하고 연맹을 맺었어요.

가야는 질 좋은 철이 많이 났어요. 그래서 사람들은 가야를 '철의 나라'라고 불렀어요. 당시 철은 갑옷과 무기를 비롯해 농기구를 만드는 데 아주 중요한 재료였어요. 가야는 일본, 낙랑군, 대방군 등 주변 나라에 철을 수출했어요. 가야는 철을 다루는 기술도 뛰어나 칼과 창, 판갑옷과 투구 등 다양한 무기를 철로 만들었어요. 특히 판갑옷은 여러 장의 얇은 철판을 이어 만든 갑옷인데 가야 사람들의 뛰어난 솜씨를 엿볼 수 있어요.

하지만 가야는 백제와 신라 사이에서 큰 나라로 발전하지 못했어요. 여섯 가야로 나뉘어 있다 보니 백제가 위협하면 신라와 가깝게 지냈고, 신라가 위협하면 백제의 도움을 받으면서 힘을 키우지 못했기 때문이에요. 그러다 532년, 금관가야가 신라 법흥왕에게 항복하고 말았어요. 금관가야를 대신해 가야 연맹을 이끌던 대가야마저 562년, 신라 진흥왕에게 무너지자 나머지 가야들도 차례로 무너지며 역사 속으로 사라지고 말았어요.

신라로 간 가야 사람들은 신라에서 큰 활약을 했어요. 금관가야의 왕족 김유신은 신라가 삼국 통일을 이루는 데 큰 역할을 했어요. 대가야의 악사 우륵은 가야금과 가야금으로 연주하는 음악을 신라에 전해 주었지요.

가야 금동관

철제 판갑옷과 투구

역사 용어

연맹 작은 나라가 모여 서로 돕고 협력하는 것.
낙랑군, 대방군 중국 한나라가 고조선을 멸망시킨 뒤, 고조선 땅에 설치한 군.
우륵 대가야 가실왕의 명으로 가야금을 만들고 12곡의 가야금 곡을 만들었던 악사.

1 가야 연맹에 속한 여섯 가야를 모두 찾아 ◯ 하세요.

금관가야	성산가야	은관가야	대가야
중가야	소가야	고령가야	아라가야

2 가야가 철의 나라로 불린 이유를 두 가지 써 보세요.

- -

3 가야가 무너지게 된 과정에 맞게 순서대로 번호를 쓰세요.

- 가야 연맹을 이끌던 대가야가 신라 진흥왕에게 무너졌어요. ------------------ (   )
- 나머지 가야들도 차례로 무너졌어요. --------------------------------- (   )
- 금관가야가 신라 법흥왕에게 항복했어요. -------------------------- (   )
- 가야는 백제와 신라 사이에서 큰 나라로 발전하지 못했어요. ------------- (   )

4 가야가 큰 나라로 발전하지 못한 가장 큰 이유를 써 보세요.

- -

5 글을 읽고, 누구에 대한 설명인지 보기 에서 알맞은 인물을 찾아 쓰세요.

보기
진흥왕
김유신
우록

- 대가야를 공격해 무너뜨렸어요. --------------------- (   )
- 가야금과 가야금으로 만든 음악을 신라에 전했어요. ----- (   )
- 금관가야 왕족으로 신라의 삼국 통일에 큰 역할을 했어요. -- (   )

역사 포인트 가야는 철의 나라로 불리며 주변 나라에 철을 수출했어요. 그러나 대가야가 신라 진흥왕에게 무너지면서 가야 연맹은 사라졌어요.

나라마다 고분의 모습이 서로 달랐다고?

삼국 시대 사람들은 죽음 뒤에 다른 세계가 존재한다고 믿었어요. 그래서 죽은 사람을 위한 공간으로 무덤을 특별하게 만들었어요. 특히 왕이나 귀족이 죽으면 거대한 무덤을 만들었어요. 이렇게 역사적 가치가 있는 옛날 무덤을 '고분'이라고 해요.

시대와 나라에 따라 무덤을 만드는 방식이 조금씩 달랐어요. 고구려 사람들은 돌을 쌓아 올려 만든 돌무지무덤을 만들었어요. 이후에 중국의 영향으로 돌로 방을 만들고, 그 위에 흙을 덮는 방식인 굴식 돌방무덤으로 바뀌게 되었어요. 돌로 만든 방의 벽과 천장에는 벽화를 그렸어요. 이때 그려진 벽화를 통해 당시 고구려 사람들의 모습과 풍속을 살펴볼 수 있어요.

백제 사람들도 고구려의 영향을 받아 굴식 돌방무덤을 만들었어요. 무령왕의 무덤은 중국 남조의 영향을 받아 벽돌을 쌓아 방을 만들고, 그 위에 흙을 덮는 방식인 굴식 벽돌무덤으로 만들었지요.

신라 사람들은 독특한 방식이 있었어요. 나무로 방을 만들고 그 위에 돌을 쌓은 뒤, 흙을 덮는 방식인 돌무지덧널무덤으로 만들었어요. 이 방식은 도굴이 어렵기 때문에 신라의 무덤 안에서는 금관, 금제 장식, 금제 허리띠 등 화려한 장신구가 많이 발견되어요.

신라 도읍이었던 경주에는 고분 공원이라 불릴 정도로 천마총, 금관총, 황남대총 등 많은 고분이 남아 있어요.

굴식 돌방무덤

돌무지덧널무덤

역사용어 | 남조 양쯔강 하류에 있었던 송나라, 제나라, 양나라, 진나라를 가리키는 말.
천마총 자작나무 껍질에 하늘을 나는 말이 그려진 천마도가 발견된 고분.

1 삼국 시대 사람들이 무덤을 특별하게 만든 이유를 써 보세요. ...수행평가 대비

_____

_____

2 글을 읽으면서 빈칸에 들어갈 알맞은 말을 쓰세요.

역사적 가치가 있는 옛날 무덤을 [   ] 이라고 해요.

3 고구려의 굴식 돌방무덤에 대한 설명으로 옳은 것을 모두 고르세요. (,   )

① 돌로 방을 만들고, 그 위에 흙을 덮는 방식이에요.
② 나무로 방을 만들고, 그 위에 돌을 쌓아 올려 만들었어요.
③ 방의 벽과 천장에는 벽화를 그렸어요.
④ 천마총, 금관총, 황남대총 등의 고분이 굴식 돌방무덤이에요.

4 백제 무령왕의 무덤이 벽돌로 만들어진 이유를 쓰세요.

_____ 의 영향을 받아 벽돌을 쌓아 만들었어요.

5 신라 사람들이 돌무지덧널무덤을 어떻게 만들었는지 써 보세요. ...수행평가 대비

_____

역사 포인트 고구려는 굴식 돌방무덤, 신라는 돌무지덧널무덤을 만들었어요. 백제는 고구려의 영향을 받아 굴식 돌방무덤을 만들었는데, 무령왕의 무덤은 중국 남조의 영향을 받아 굴식 벽돌무덤으로 만들었어요.

19 주변 나라와는 어떤 교류를 했을까?

고구려, 백제, 신라는 주변 나라와 활발하게 교류했어요. 특히 중국에서 불교뿐 아니라 학문, 음악, 건축, 미술 등 많은 것에 영향을 받았어요. 고구려의 왕산악은 중국의 악기를 보고 거문고를 만들었어요. 백제는 중국 남조의 영향을 받아 벽돌로 무령왕릉을 만들었지요.

삼국은 중앙아시아의 서역과도 교류했어요. 고구려 고분의 벽화에 코가 크고 눈이 부리부리한 서역 사람이 그려져 있고, 신라 무덤에서 서역의 유리그릇과 유리구슬, 금제 장식 보검 등이 나왔어요. 이를 통해 삼국이 서역과 활발히 교류했다는 것을 알 수 있어요.

삼국은 일본에 발달된 문물을 많이 전해 주었어요. 특히 백제는 일본과 활발하게 교류하면서 많은 문물을 전했어요. 근초고왕 때 아직기와 왕인이 한문과 논어, 천자문을 전했지요. 성왕 때에는 노리사치계가 불상과 불경을 전해 주었어요. 이 밖에도 기와를 만드는 사람, 절을 짓는 사람 등을 보내 다양한 기술을 가르쳐 주었어요.

고구려의 승려 혜자는 일본 태자의 스승이 되었고, 승려 담징은 종이와 먹 만드는 기술을 일본에 전해 주었어요. 신라는 배 만드는 기술과 둑 쌓는 기술을 일본에 전해 주었고요.

가야도 일본과 교류하며 철로 만든 무기와 도구, 토기를 전해 주었어요. 특히 가야의 토기는 스에키라는 일본 토기에 많은 영향을 주었어요.

삼국의
금동 미륵보살 반가 사유상

일본의 목조 미륵보살
반가 사유상

역사용어

서역 중국 서쪽의 중앙아시아, 서아시아에 있었던 여러 나라를 이르는 말. 페르시아, 인도 등이 있었음.
스에키 가야의 수레 토기, 오리 토기 등의 영향을 받아 만든 일본 고대 토기.

1 글을 읽으면서 괄호에 들어갈 알맞은 말을 쓰세요.

● 고구려의 왕산악은 중국의 악기를 보고 (　　　　　　)을 만들었어요.

● 백제는 중국 남조의 영향을 받아 벽돌로 (　　　　　　)를 만들었어요.

2 고구려, 백제, 신라가 앞선 문물을 전해 준 나라를 찾아 ○ 하세요.

중국　　　　　　　인도　　　　　　　일본

3 다음 고구려 고분의 벽화로 알 수 있는 것이 무엇인지 써 보세요. ⋯ 수행평가 대비

각저총 벽화

코가 크고 눈이 부리부리한 서역 사람이 그려져 있다.

- -

4 백제가 일본에 전해 준 문물이 <u>아닌</u> 것을 고르세요. (　　　　)

① 한문과 천자문　　　② 종이 만드는 기술　　　③ 기와 만드는 기술　　　④ 불상과 불경

5 글을 읽으면서 빈칸에 들어갈 알맞은 말을 보기 에서 찾아 쓰세요.

보기

스에키
담징
혜자

● 고구려의 승려 [　　　　] 는 일본 태자의 스승이 되었어요.

● 가야의 토기는 [　　　　] 라는 일본 토기에 영향을 주었어요.

역사 포인트
삼국은 중국, 일본 등 주변 나라뿐 아니라 서역과도 활발히 교류했어요.
가야도 일본과 교류하며 철로 만든 무기 등을 전해 주었어요.

백제의 문화 **무령왕릉**

무령왕릉은 백제의 제25대 왕인 무령왕과 왕비의 무덤이에요.
백제의 두 번째 도읍지였던 웅진, 지금의 충청남도 공주에서 발견되었어요.
무령왕릉은 중국 남조의 영향을 받아 벽돌을 쌓아 방을 만들고, 그 위에 흙을 덮어
만들었어요. 무덤에서는 왕과 왕비의 금으로 만든 관식, 글씨가 새겨진 팔찌, 청동
거울 등 모두 4,600여 점의 유물이 발견되었어요. 또 일본의 나무인 금송으로 만든
관도 발견되었는데, 이것으로 당시 백제가 중국 남조뿐 아니라 일본과도 활발히
교류했다는 것을 알 수 있어요.

무령왕 금제 관식
왕관을 장식하는 데 쓰였어요.

무령왕릉 내부 모습
벽돌을 쌓아 만들었으며,
천장은 둥근 아치 모양이에요.

벽돌
연꽃무늬가 새겨져 있어요.

무령왕릉 석수
무령왕릉을 지키는 상상 속 동물이에요.
진묘수라고도 불러요.

오수전
무덤 안에서 발견된
중국 남조의 양나라 동전이에요.

꼬불꼬불 길 따라가기

 무령왕릉까지 길을 따라가면서, 무령왕릉에서 발견된 유물만 찾아 ○ 하세요.

왕관을 장식하는 데
쓰인 무령왕 금제 관식

무령왕의 모습을
새겨 넣은 동상

중국 남조의 양나라
동전인 오수전

일본의 나무인
금송으로 만든 관

상상 속 동물인
무령왕릉 석수

하늘을 나는
말 그림

연꽃무늬가 새겨진
벽돌

괄호에 들어갈 알맞은 말을 보기 에서 찾아 쓰면서 '삼국의 문화'와 '가야'에 대해 정리해 보세요.

신분 제도

삼국의 문화

불교 예술 작품

교류

중국

서역

① 신라에는 (   )라는 독특한 신분 제도가 있었다.

태어날 때부터 귀족, 평민, 노비로 신분이 정해졌다.

서산 용현리 마애여래 삼존상은 흔히 백제의 미소라고 불린다.

신라의 경주 분황사 모전석탑은 가장 오래된 신라의 탑이다.

왕과 귀족들이 절을 짓고, 불상을 만들고, 탑을 세웠다.

② (   )가 탑 만드는 기술이 가장 뛰어났다.

불교뿐 아니라 학문, 음악, 건축, 미술 등 많은 것에 영향을 받았다.

고구려 무덤의 벽화와 신라 무덤의 유물 등이 서역과 활발히 교류한 것을 알려 준다.

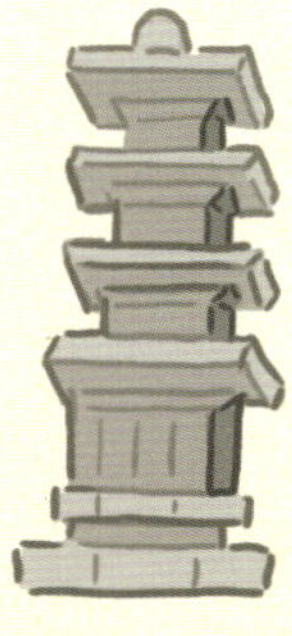

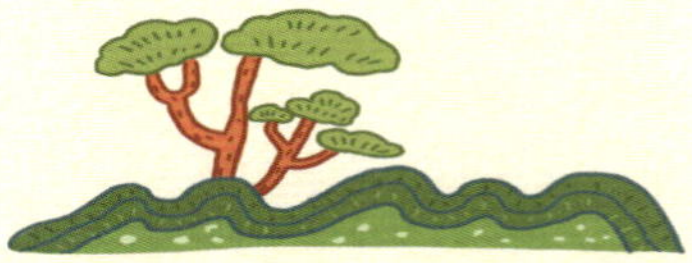

고분

③ 고구려는 돌무지무덤으로 만들다가 점차 ( )으로 만들었다.

백제는 고구려의 영향을 받아 굴식 돌방무덤으로 만들었다.

④ 중국 남조의 영향으로 무령왕의 무덤은 ( )을 쌓아 만들었다.

⑤ 신라는 ( )으로 만들었다.

일본

⑥ 고구려는 승려 ( )이 종이와 먹 만드는 기술을 전해 주었다.

삼국이 발달된 문물을 전해 주었다.

⑦ 백제는 아직기와 ( )이 한문과 논어, 천자문을 전해 주었다.

신라는 배 만드는 기술과 둑 쌓는 기술을 전해 주었다.

가야

백제와 신라 사이에서 큰 나라로 발전하지 못했다.

⑧ 질 좋은 철이 많이 나서 ( )로 불렸다.

보기　벽돌　백제　돌무지덧널무덤　왕인　담징　굴식 돌방무덤　철의 나라　골품제

삼국 시대 | 통일 신라

신라의
삼국 통일

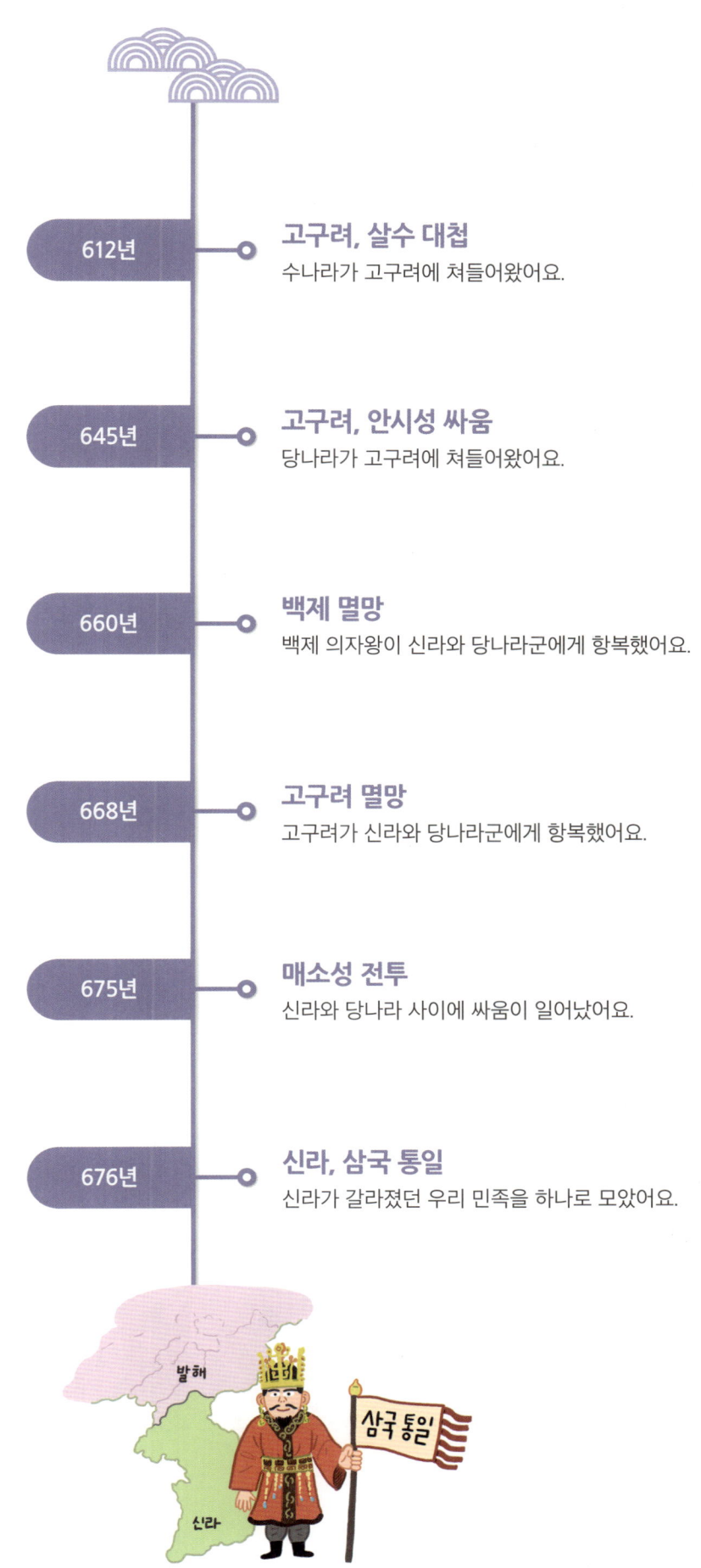

612년 ● **고구려, 살수 대첩**
수나라가 고구려에 쳐들어왔어요.

645년 ● **고구려, 안시성 싸움**
당나라가 고구려에 쳐들어왔어요.

660년 ● **백제 멸망**
백제 의자왕이 신라와 당나라군에게 항복했어요.

668년 ● **고구려 멸망**
고구려가 신라와 당나라군에게 항복했어요.

675년 ● **매소성 전투**
신라와 당나라 사이에 싸움이 일어났어요.

676년 ● **신라, 삼국 통일**
신라가 갈라졌던 우리 민족을 하나로 모았어요.

발해

삼국 통일

신라

● 글을 읽으면서 중요하다고 생각되는 문장에는 밑줄을 긋고, 단어에는 별표를 그려 보세요.

20 살수 대첩을 승리로 이끈 을지문덕

612년, 수나라 양제가 113만 대군을 이끌고 고구려에 쳐들어왔어요. 고구려 군은 요동성에서 있는 힘을 다해 수나라군을 막아 냈어요.

초조해진 수나라 양제는 우중문에게 30만의 별동대를 주어 곧바로 고구려의 도읍인 평양성을 공격하게 했어요. 수나라군이 압록강까지 왔을 때였어요. 고구려 장군 을지문덕이 나섰어요. 을지문덕은 거짓으로 항복해 수나라군에게 잡혀 갔어요. 그런 다음, 수나라군의 사정을 알아내고 무사히 도망쳐 나왔지요.

"지금 수나라군은 몹시 지쳐 있고, 먹을 것도 부족한 상태이다! 우리가 먹을 것을 없애고, 그들을 더욱 지치게 하면 승리할 수 있다!"

을지문덕은 수나라군이 지나갈 길에 있는 곡식과 가축, 물을 모두 없앴어요. 그리고 싸우는 척하다가 도망가기를 계속했어요. 그렇게 평양성 근처까지 온 수나라군은 지칠 대로 지쳐 버렸어요.

이때 을지문덕이 수나라 장수 우중문에게 어리석음을 비웃는 시를 지어 보냈어요. 그제야 우중문은 지친 군사로는 싸울 수 없다는 것을 알아차리고, 급히 군사들을 후퇴시켰어요.

되돌아가던 수나라군이 살수를 건널 때였어요. 을지문덕이 소리쳤어요.

"자, 바로 지금이다! 모두 공격하라!"

수나라군을 뒤쫓아 가던 고구려군은 수나라 군사들을 향해 화살과 창을 쏟아부었어요. 수나라군은 갑작스러운 공격에 꼼짝 못 했어요. 결국 고구려군은 큰 승리를 거두었지요. 이 싸움이 바로 '살수 대첩'이에요.

전쟁 기념관에 있는 을지문덕 흉상

역사
용어

수나라 581년 양견이 세운 나라로, 589년 남북조로 나뉘었던 중국을 통일함.
을지문덕 고구려 영양왕 때의 장군.
살수 지금의 청천강. 평안도를 지나 황해로 흘러들어 감.

1 고구려와 수나라의 전투 과정에 맞게 순서대로 번호를 쓰세요.

- 수나라가 113만 대군을 이끌고 고구려에 쳐들어왔어요. ---------------------- (　　)
- 고구려군은 요동성에서 수나라군을 막아 냈어요. ---------------------- (　　)
- 수나라 양제는 30만 별동대를 보내 평양성을 공격하게 했어요. ---------------------- (　　)
- 수나라군이 압록강까지 왔을 때 을지문덕이 나섰어요. ---------------------- (　　)

2 을지문덕이 거짓으로 수나라군에게 항복한 이유는 무엇인지 써 보세요. ...(수행평가대비)

- -

3 수나라군의 사정을 살피고 온 을지문덕이 한 일을 모두 고르세요. (　　 , 　　)

① 수나라군이 지나갈 길에 있는 곡식과 가축을 모두 없앴어요.

② 수나라군이 들어오지 못하게 성을 높이 쌓고, 성문을 꼭 닫았어요.

③ 수나라군과 싸우는 척하다가 도망가기를 계속했어요.

④ 수나라군에게 평양성까지 오는 길을 알려 주었어요.

4 을지문덕이 살수에서 수나라군을 어떻게 물리쳤는지 써 보세요. ...(수행평가대비)

- -

5 고구려군이 살수에서 거둔 큰 승리를 무엇이라 부르는지 알맞은 낱말에 모두 ○ 하고, 빈칸에 쓰세요.

사	살	두	수	주	대	첩

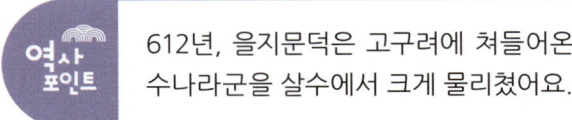

역사 포인트　612년, 을지문덕은 고구려에 쳐들어온 수나라군을 살수에서 크게 물리쳤어요.

당나라와 손잡은 신라

신라는 선덕 여왕 때 어려움에 처했어요. 백제가 신라를 여러 차례 공격해 신라의 여러 성을 빼앗았기 때문이에요. 선덕 여왕은 위기에서 벗어나고자 고구려에 김춘추를 보내 도움을 청했어요.

"고구려 군사를 보내 신라를 도와주십시오."

하지만 고구려의 장군 연개소문은 신라가 차지하고 있는 옛 고구려 땅을 돌려주기 전에는 도울 수 없다며 김춘추를 감옥에 가두어 버렸어요. 감옥에 갇힌 김춘추는 눈앞이 캄캄했어요. 그때 고구려의 관리 선도해가 김춘추에게 토끼가 육지에 간을 빼놓고 왔다는 거짓말로 용궁에서 살아 돌아온 이야기를 들려주었어요. 이것을 들은 김춘추는 거짓으로 옛 고구려 땅을 돌려주겠다고 약속하고 무사히 신라로 돌아왔어요.

김춘추는 이번에 바다 건너 중국 당나라로 갔어요. 당나라는 고구려를 공격했다가 안시성 싸움에서 크게 진 뒤 다시 고구려를 공격할 기회만 살피고 있었지요.

"당이 신라를 도와 백제를 무너뜨린다면, 당나라가 고구려를 공격할 때 신라도 가만있지 않을 겁니다. 함께 힘을 모으면 아무리 강한 고구려라도 쉽게 무너질 것입니다. 고구려가 무너지면 그때 고구려의 땅을 반으로 나누어 갖는 것이 어떻겠습니까?"

당나라 태종은 김춘추의 솔깃한 제안에 군사를 보내기로 약속했어요. 이렇게 신라와 당나라의 동맹인 나당 동맹이 이루어졌어요.

신라로 돌아온 김춘추는 신라의 제29대왕, 태종 무열왕이 되었어요.

고구려 군사를 보내 신라를 도와주십시오.

신라와 동맹을 맺고 싸웁시다.

김춘추 진골 출신으로는 처음으로 왕이 됨. 김유신과 함께 삼국 통일을 이룸.
안시성 싸움 645년, 고구려에 쳐들어온 당나라군을 안시성의 성주와 백성이 힘을 합쳐 막아 냄.
동맹 두 나라가 서로의 이익이나 목적을 위해 같은 행동을 하기로 약속하는 것.

1 선덕 여왕 때 신라가 어려움에 처했던 이유는 무엇인지 써 보세요.

- -

2 글을 읽고, <u>이 사람</u>이 누구인지 쓰세요.

> <u>이 사람</u>은 백제의 공격으로 신라가 어려움에 처하자 고구려와 당나라에 도움을 구하러 갔어요.

3 선덕 여왕이 위기에서 벗어 나고자 김춘추를 보낸 곳을 순서대로 써 보세요.

☐ → ☐

4 김춘추의 말을 듣고, 각각 어떤 말을 했는지 써 보세요.

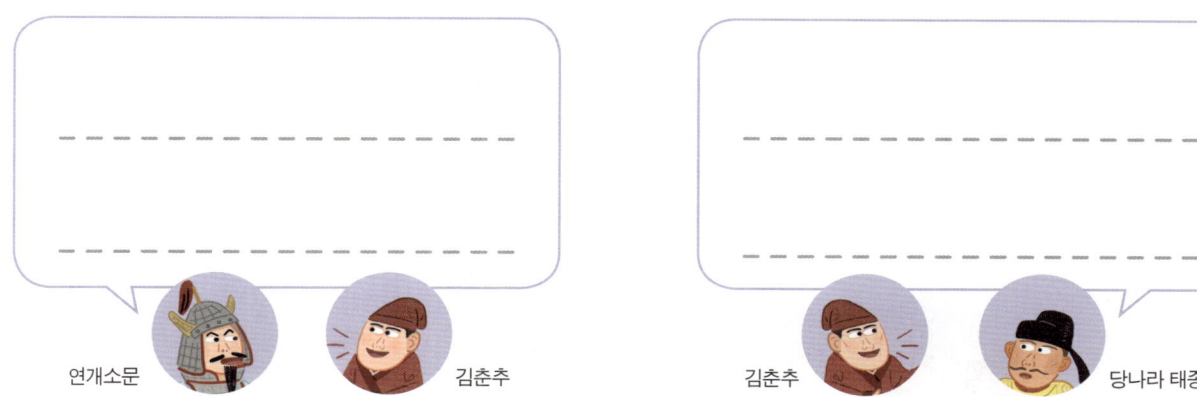

연개소문   김춘추   김춘추   당나라 태종

5 글을 읽으면서 알맞은 말에 ◯ 하세요.

김춘추의 활약으로 신라와 (**수나라 / 당나라**)의 동맹이 이루어졌어요.

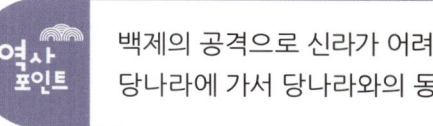 백제의 공격으로 신라가 어려움에 처하자 김춘추는 당나라에 가서 당나라와의 동맹을 이끌어 냈어요.

22

황산벌 전투, 그리고 백제의 멸망

660년, 신라와 당나라의 연합군이 쳐들어온다는 소식이 백제의 의자왕에게 전해졌어요. 당시 백제는 의자왕이 나랏일을 돌보지 않아 전쟁을 할 준비가 되어 있지 않았어요. 다급해진 의자왕은 계백 장군에게 5천여 명의 군사를 주며 황산벌로 가 김유신이 이끄는 5만여 명의 신라군을 막으라고 명령했어요. 계백은 싸움터로 가기 전에 부인과 자식을 불렀어요.

"신라의 노비가 되어 사느니 차라리 내 손에 죽는 것이 낫지 않겠소?"

계백은 이미 백제가 질 것을 알고 있었어요. 계백은 자신의 손으로 부인과 자식을 모두 죽이고 황산벌로 향했어요. 드디어 황산벌에서 싸움이 시작되었어요. 백제군은 적은 수였지만, 죽음을 무릅쓰고 싸워 신라군의 공격을 끈질기게 막아 냈어요. 신라군이 지쳐 갈 무렵, 신라의 화랑인 관창이 홀로 백제군을 향해 거침없이 달려왔어요.

"참으로 용맹하구나! 나이가 어리니 이번에는 살려 주겠다!"

계백은 붙잡혀 온 관창을 살려서 돌려보냈어요. 하지만 관창은 또다시 백제군을 향해 달려왔어요. 할 수 없이 계백은 관창의 목을 베어 신라군에게 보냈어요. 관창의 죽음을 본 신라군은 불같이 일어나 백제군을 공격해 왔어요. 결국 백제군은 무너지고 말았어요.

황산벌 전투에서 이긴 신라군과 당나라군은 백제의 도읍인 사비성으로 몰려왔어요. 백제의 의자왕이 무릎을 꿇고 항복했고, 결국 백제는 멸망하고 말았어요.

신라군을 막아 내자!

역사 용어 **의자왕** 백제의 제31대 왕이자 마지막 왕.
황산벌 지금의 충청남도 논산시 연산면 일대의 넓은 들.
사비성 백제의 세 번째 도읍으로 지금의 충청남도 부여.

1 신라군과 당나라군이 쳐들어왔을 때 백제의 상황으로 옳은 것을 고르세요. (   )

  ① 의자왕이 미리 전쟁 준비를 해 놓았어요.

  ② 의자왕이 신라군과 당나라군을 얕잡아 보고 있었어요.

  ③ 의자왕이 백성들에게 신라군과 싸우지 말라고 명령했어요.

  ④ 의자왕이 나랏일을 돌보지 않아 전쟁을 할 준비가 되어 있지 않았어요.

2 글을 읽으면서 빈칸에 들어갈 알맞은 말을 쓰세요.

  의자왕은 [   ] 장군에게 [   ] 에서 신라군을 막으라고 명령했어요.

3 계백이 나이가 어리다며 돌려보낸 사람은 누구인지 고르세요. (   )

  ① 신라의 김유신 장군   ② 신라의 화랑 사다함

  ③ 신라의 화랑 관창   ④ 신라의 김춘추

4 관창이 또다시 백제군을 향해 달려온 이유를 짐작해서 써 보세요. ...수행평가 대비

  -

5 황산벌 전투에서 패한 백제는 그 뒤 어떻게 되었는지 써 보세요. ...수행평가 대비

  -

역사 포인트

660년, 황산벌 전투에서 계백 장군이 목숨을 걸고
싸웠지만 결국 백제는 신라와 당나라에게 져서 멸망했어요.

23

드넓은 영토를 가졌던 고구려는 왜 멸망했을까?

고구려 장군 연개소문은 스스로 높은 관직에 올라 모든 나랏일을 자신의 뜻대로 결정했어요. 당시 왕이었던 보장왕은 허수아비에 불과했어요.

연개소문은 고구려를 호시탐탐 노리던 당나라의 거듭된 공격을 계속 막아 냈고, 더욱 강한 권력을 가지게 되었어요. 당나라는 연개소문이 있는 한 고구려를 더 이상 공격하지 못했지요.

하지만 연개소문이 죽자 그의 아들들은 권력을 차지하기 위해 다투었고, 고구려는 혼란에 빠지고 말았어요. 연개소문의 첫째 아들 남생이 연개소문의 자리를 차지했는데, 시간이 흐르자 동생들이 남생을 죽이려 한다는 소문이 났어요. 남생은 이 말이 사실인지 살피기 위해 동생들에게 몰래 사람을 보냈어요. 그런데 그 사람이 죽임을 당하자 두려워진 남생은 그대로 당나라로 도망가 버렸어요.

668년, 당나라는 남생을 앞세우고 압록강을 건너 고구려의 평양성으로 쳐들어갔어요. 신라의 김유신도 군대를 이끌고 임진강을 건너 고구려의 평양성으로 향했지요. 신라군과 당나라군은 평양성 부근에서 만나 평양성을 겹겹이 둘러쌌어요. 보장왕은 두려움에 떨었어요.

고구려는 성안에서 한 달을 버텼어요. 그런데 당나라군과 몰래 연락하던 고구려의 승려 신성이 성문을 열어 주고 말았어요. 평양성은 순식간에 물밀 듯 들이닥친 신라군과 당나라군의 차지가 되었지요. 보장왕과 남생의 동생들은 모두 당나라군에게 붙잡혀 항복했어요.

이렇게 고구려도 멸망하고 말았어요.

연개소문 수염이 길고 몸집이 크며 칼을 다섯 자루나 차고 다녔다는 기록이 있는 고구려 장군으로, 영류왕을 죽이고 보장왕을 왕의 자리에 앉힘.
평양성 대동강을 끼고 있는 고구려의 도읍.

1 고구려에서 당나라의 거듭된 공격을 막아 냈던 사람은 누구인지 쓰세요.

2 고구려가 혼란에 빠지게 된 이유를 고르세요. (   )

① 연개소문이 죽고 보장왕이 다시 왕의 역할을 했어요.

② 연개소문의 첫째 아들 남생이 당나라로 군사를 보냈어요.

③ 연개소문이 죽고, 그의 아들들이 권력을 차지하기 위해 서로 다투었어요.

④ 연개소문이 죽고, 그의 아들들이 사이좋게 고구려를 다스렸어요.

3 남생이 당나라로 도망간 이유를 써 보세요. ...수행평가 대비

- -

- -

4 신라군과 당나라군이 고구려를 어떻게 공격했는지 글을 읽으면서 알맞은 말에 ○ 하세요.

(**당나라군** / **신라군**)은 압록강을 건너 북쪽에서 고구려의 평양성으로 갔고,

(**당나라군** / **신라군**)은 임진강을 건너 남쪽에서 고구려의 평양성으로 갔어요.

5 주어진 말을 이용해 고구려가 멸망하게 된 과정을 써 보세요. ...수행평가 대비

승려 신성	평양성	보장왕	항복	멸망

- -

역사 포인트 668년, 고구려는 신라군과 당나라군의 공격으로 평양성을 빼앗긴 뒤, 보장왕이 항복하며 멸망하고 말았어요.

삼국 통일을 이룬 신라

백제와 고구려가 멸망하자 당나라는 서서히 속내를 드러냈어요. 바로 한반도를 모두 차지하려는 욕심이었지요. 당나라는 옛 백제 땅과 고구려 땅에 각각 자신들의 관청을 두어 다스리고, 신라의 나랏일에도 사사건건 간섭하려 들었어요. 태종 무열왕의 뒤를 이어 왕이 된 문무왕이 사천왕사라는 절을 짓자, 사천왕사는 당나라만 지을 수 있다며 트집을 잡기도 했어요.

문무왕은 한반도에서 당나라군을 몰아내기로 결심했어요. 신라는 옛 백제 땅을 공격해 당나라가 차지하고 있던 백제의 성을 빼앗았어요. 그 뒤에도 계속 당나라군을 공격해 백제의 옛 땅을 모두 되찾았지요.

그러자 675년, 당나라는 20만여 대군을 이끌고 신라로 쳐들어왔어요. 당나라군이 매소성에 다다랐을 때였어요. 신라군이 매소성을 겹겹이 에워싸고 매서운 공격을 퍼부었고, 당나라군은 크게 지고 물러났어요.

다음 해 당나라군은 지금의 금강 하구인 기벌포로 배를 타고 또 쳐들어왔어요. 하지만 신라군은 기벌포에서도 만만치 않았어요. 결국 신라의 공격에 당나라군은 완전히 무너져 버리고 말았어요. 당나라는 마침내 대동강 북쪽으로 모두 물러났어요.

676년, 신라는 드디어 삼국 통일을 이루었어요. 신라의 삼국 통일은 드넓은 고구려 땅을 모두 되찾지 못했지만, 고구려, 백제, 신라로 갈라져 있던 우리 민족을 하나로 모았다는 데 큰 의미가 있어요.

 **문무왕** 신라의 제30대 왕으로, 태종 무열왕의 첫째 아들.
매소성 지금의 경기도 양주 부근 성으로 추측되지만 정확한 위치는 알 수 없음.
민족 일정한 지역에서 오랜 세월 함께 생활하면서 언어와 문화 등이 같은 무리.

1 백제와 고구려가 멸망한 뒤의 상황으로 옳은 것을 모두 고르세요. (,   )

① 당나라가 물러가고 신라가 한반도를 모두 차지했어요.

② 당나라가 옛 백제와 고구려 땅에 당나라 관청을 두고 다스렸어요.

③ 신라가 옛 백제와 고구려 땅에 관청을 두고 다스렸어요.

④ 당나라가 신라의 나랏일에 사사건건 간섭했어요.

2 문무왕이 지은 절의 이름을 쓰세요.

3 신라가 당나라와 전쟁을 벌였던 두 곳을 쓰세요.

(   ), (   )

4 주어진 말을 이용해 신라가 삼국 통일을 이루는 과정을 써 보세요. ....수행평가 대비

| 신라 | 당나라 | 멸망 | 전쟁 | 고구려 | 백제 |

- -

5 신라의 삼국 통일 의의에 대한 설명으로 옳은 것을 고르세요. (   )

① 대동강 북쪽의 고구려 땅까지 모두 차지한 통일이었어요..

② 신라만의 힘으로 통일을 이루었어요.

③ 전쟁을 치르지 않고, 평화롭게 통일을 이루었어요.

④ 고구려, 백제, 신라로 갈라져 있던 우리 민족을 하나로 모았어요.

 역사 포인트
676년, 신라는 당나라를 대동강 북쪽으로 몰아내고 삼국 통일을 이루었어요.

신라의 꿈을 담은 황룡사 구층 목탑

선덕 여왕 때 신라는 백제의 계속된 공격으로 어려움에 처해 있었어요.
또 귀족들은 왕이 여자라며 잘 따르지 않았어요. 그때 승려 자장이 선덕 여왕에게
황룡사에 거대한 구층 목탑을 세우면 주변 나라가 신라를 깔보지 못하고
항복해 올 것이라고 했어요.
선덕 여왕은 백제의 장인 아비지를 데리고 와 황룡사 구층 목탑을 짓기 시작했어요.
층마다 신라를 괴롭히고 무시하던 주변 나라들의 이름을 새겨 이 나라들을 모두
항복시키고, 신라가 그 중심에 우뚝 서겠다는 염원을 담았어요. 드디어 탑을 쌓은 지
3년 만에 거대한 황룡사 구층 목탑이 완성되었어요. 이 염원이 이루어졌는지, 작은
나라였던 신라는 황룡사 구층 목탑을 세우고 30여 년 뒤에 삼국 통일을 이루었어요.

황룡사터
황룡사와 황룡사 구층 목탑은 고려 때
몽골의 침입으로 모두 불에 타 사라지고
지금은 터만 남아 있어요.

황룡사와 황룡사 구층 목탑 모형
모형으로 만들어 놓은 황룡사와
황룡사 구층 목탑을 보면 규모가
얼마나 컸는지 짐작할 수 있어요.

○✕ 퀴즈를 풀어라!

황룡사 구층 목탑에 관한 글을 읽고, ○✕로 답하세요.

1 선덕 여왕 때 승려 자장이 황룡사에 거대한 구층 목탑을
세우자고 권했어요. ------------------------------

2 신라의 뛰어난 기술자들이 모여 지었어요. -------------

3 층마다 신라를 괴롭히던 주변 나라들의 이름을 새겼어요. ---

4 황룡사 구층 목탑은 지금까지 남아 있어요. ------------

5 백제의 장인 아비지를 데리고 와서 지었어요. -----------

괄호에 들어갈 알맞은 말을 보기 에서 찾아 쓰면서 '삼국 통일'에 대해 정리해 보세요.

① 을지문덕이 (   )에서 수나라군을 크게 물리쳤다.

연개소문이 죽자, 그의 아들들이 권력을 차지하기 위해 서로 다투어 혼란에 빠졌다.

고구려

668년, 신라군과 당나라군에게 멸망했다.

② 계백 장군이 목숨을 걸고 (   )에서 싸웠다.

백제

③ (   ) 장군이 진 뒤, 백제의 (   )이 무릎을 꿇고 항복했다.

660년, 신라군과 당나라군에게 멸망했다.

삼국 통일

신라

④ (   )가 고구려의 연개소문을 찾아가 도움을 청했다가 죽을 뻔했다.

선덕 여왕 때 백제의 공격을 받아 위기에 처했다.

김춘추가 당나라의 태종을 찾아가 당나라와의 동맹을 이끌어 냈다.

당나라군과 손잡고 백제와 고구려를 차례로 멸망시켰다.

⑤ (   )과 기벌포에서 싸워 당나라군을 대동강 북쪽으로 몰아냈다.

⑥ 676년, (   )을 이루었다.

보기 삼국 통일 매소성 계백 의자왕 김춘추 황산벌 살수

통일 신라 문화와 발해 건국

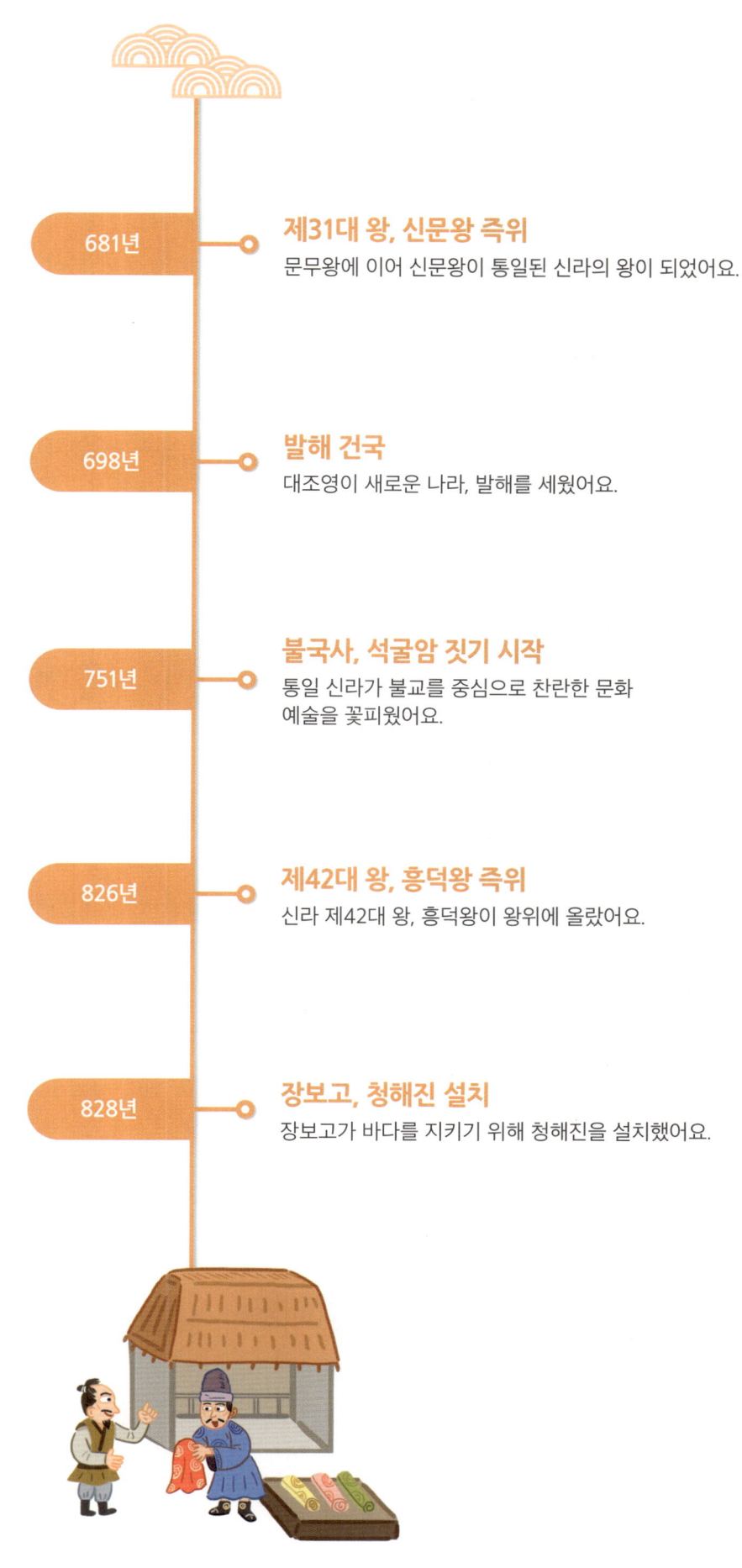

681년

제31대 왕, 신문왕 즉위
문무왕에 이어 신문왕이 통일된 신라의 왕이 되었어요.

698년

발해 건국
대조영이 새로운 나라, 발해를 세웠어요.

751년

불국사, 석굴암 짓기 시작
통일 신라가 불교를 중심으로 찬란한 문화
예술을 꽃피웠어요.

826년

제42대 왕, 흥덕왕 즉위
신라 제42대 왕, 흥덕왕이 왕위에 올랐어요.

828년

장보고, 청해진 설치
장보고가 바다를 지키기 위해 청해진을 설치했어요.

25

신비한 피리, 만파식적

삼국 통일을 이룩한 문무왕이 죽기 전에 말했어요.

"내가 죽거든 나를 동해에 묻어다오. 나는 바다의 용이 되어 죽어서도 신라를 지킬 것이다!"

문무왕이 죽자 그 뒤를 이어 신문왕이 왕의 자리에 올랐어요. 신문왕은 아버지 문무왕의 뜻대로 동해 바다에서 장례를 치렀어요. 그러고는 아버지의 무덤인 문무 대왕릉이 잘 보이는 바닷가에 감은사라는 절을 짓고, 자주 찾아가 아버지를 그리워했어요.

어느 날, 신문왕은 감은사 앞바다에 둥둥 떠다니는 산이 나타났다는 이야기를 들었어요. 그 산꼭대기에는 낮에는 둘로 갈라지고 밤에는 하나로 합쳐지는 신기한 대나무 한 그루가 있었어요. 신문왕은 배를 타고 그 산으로 갔어요. 그러자 바닷물이 솟구치더니 커다란 용 한 마리가 나타나 말했어요.

"이 대나무는 바다의 용이 된 문무왕과 하늘의 신이 된 김유신 장군이 보낸 선물이오. 이 대나무로 피리를 만들어 불면 나라가 평안해질 것이오."

신문왕은 용의 말을 따라 대나무로 피리를 만들었어요.

그 뒤 신문왕은 나라에 안 좋은 일이 생기면 이 피리를 불었어요. 홍수가 났을 때 불면 비가 멈추었고, 가뭄이 들었을 때 불면 비가 내렸어요. 이 피리는 만 개의 파도를 잠재운다 하여 '만파식적'이라고 불렸어요. 파도는 걱정을 의미하는데 즉, 모든 걱정을 잠재운다는 뜻이지요.

만파식적은 『삼국유사』에 기록된 이야기로, 신라가 평안하고 발전하기를 바라는 신라 사람들의 바람이 담겨 있어요. 신문왕은 신라 사람들의 바람대로 여러 제도를 새롭게 만들며 통일 신라를 잘 다스렸어요.

동해에 있는
경주 문무 대왕릉

 역사 용어 신문왕 신라의 제31대 왕으로, 전국을 9주 5소경으로 나누고 국학을 만들어 인재를 길러 냄.

86

1 글을 읽으면서 알맞은 말에 ◯ 하세요.

- 문무왕의 뒤를 이어 (**무열왕** / **신문왕**)이 왕의 자리에 올랐어요.
- 신문왕은 문무 대왕릉이 잘 보이는 바닷가에 (**불국사** / **감은사**)를 지었어요.

2 신문왕이 본 신비로운 일을 모두 고르세요. (,   ,   )

① 감은사 앞바다에서 둥둥 떠다니는 산을 보았어요.

② 바다에서 커다란 용이 솟구쳐 올랐어요.

③ 죽은 문무왕이 나타나 동해 앞바다를 지켰어요.

④ 낮에는 둘로 갈라지고 밤에는 하나로 합쳐지는 신기한 대나무를 보았어요.

3 모든 걱정을 잠재운다는 뜻의 이름을 가진 피리는 무엇인지 쓰세요.

4 만파식적 이야기에 담긴 신라 사람들의 바람은 무엇인지 써 보세요.

- -

5 글을 읽으면서 빈칸에 들어갈 알맞은 말을 쓰세요.

신문왕은 여러 [   ]를 새롭게 만들며 통일 [   ]를 잘 다스렸어요.

역사 포인트 문무왕의 뒤를 이어 왕이 된 신문왕은 여러 제도를 새롭게 만들며 통일 신라를 잘 다스렸어요.

26

불교를 발전시킨 원효와 의상

문무왕 때 원효와 의상이라는 승려가 있었어요. 원효와 의상은 불교를 더 공부하기 위해 불교가 크게 발전한 당나라로 유학을 떠났어요.

당나라까지는 먼 길이었어요. 하루는 동굴 안에서 잠을 자게 되었어요. 한밤중에 목이 너무 말랐던 원효는 곁에 있던 물을 달고 시원하게 마셨어요.

그런데 다음 날 아침, 잠에서 깬 원효는 깜짝 놀랐어요. 밤에 시원하게 마셨던 물이 해골에 고인 썩은 물이었기 때문이지요. 원효는 구역질을 해 댔어요. 그러다 문득 깨달았어요.

"어젯밤에는 그리 달고 시원한 물이 썩은 물이었다니! 모든 것은 마음에 달려 있구나!"

원효는 그 길로 신라로 돌아와 자신의 깨달음을 백성들에게 널리 알렸어요. 그리고 나무아미타불만 열심히 외면 누구나 부처가 될 수 있다고 했지요. 이 가르침은 글을 모르던 백성들 사이에 널리 퍼져 나갔어요.

원효와 헤어진 의상은 예정대로 당나라에 갔어요. 의상은 화엄 사상을 열심히 공부한 뒤 신라로 돌아왔지요. 화엄 사상은 '하나가 전체이고, 전체가 하나다.'라는 뜻이에요. 의상은 많은 절을 세우고, 제자들을 가르치며 화엄 사상을 전했어요.

원효와 의상의 노력으로 신라에서는 왕이나 귀족들은 물론 백성들에게까지 불교가 널리 퍼졌어요.

역사 용어
원효 신라의 승려로 백성들에게 불교를 널리 알리고, 태종 무열왕의 딸 요석 공주와 결혼해 아들 설총을 낳음.
의상 신라의 승려로 화엄종을 우리나라에 들여오고, 부석사를 세움.

1 원효와 의상이 왜 당나라로 가고 있었는지 써 보세요.

- -

2 원효의 마음이 어땠는지 알맞은 것을 찾아 줄로 이으세요.

| 한밤중에 물을 마셨을 때 | ● | ● | 더러워서 구역질이 난다. |

| 썩은 물인 것을 알았을 때 | ● | ● | 달고 시원하다. |

3 원효가 해골에 고인 썩은 물을 마시고 깨달은 것은 무엇인지 써 보세요.

- -

4 글을 읽고, 누가 한 일인지 쓰세요.

① 많은 절을 세우고 제자들을 가르치며 화엄 사상을 전했어요.
② 누구나 부처가 될 수 있다고 하며 백성들에게 널리 불교를 알렸어요.

① ☐☐   ② ☐☐

5 화엄 사상이 의미하는 것은 무엇인지 써 보세요.

- -

역사 포인트 원효와 의상의 노력으로 불교가 왕이나 귀족들은 물론 백성들에게까지 널리 퍼졌어요.

발해를 세운 대조영

고구려가 멸망한 뒤, 고구려 사람들은 힘들게 살아야 했어요. 옛 고구려 땅을 차지한 당나라는 고구려 사람들을 감시하며 괴롭혔어요. 또 고구려 사람들이 힘을 합치지 못하도록 이곳저곳으로 끌고 가 흩어져 살도록 했지요.

중국 영주 지역에는 끌려온 고구려 유민과 말갈족, 거란족이 함께 살고 있었어요. 그러던 어느 날 거란족이 반란을 일으켰어요.

이 틈을 타 고구려 유민을 이끌던 고구려 장수 걸걸중상도 말갈족의 우두머리 걸사비우와 힘을 합쳐 당나라군에 맞섰어요. 점차 이들을 따르는 무리가 많아지자 영주를 벗어나 동쪽으로 떠났어요. 당나라는 군사를 보내 이들을 뒤쫓았어요.

그러던 중 걸걸중상이 병으로 세상을 떠나고, 그의 아들 대조영이 고구려 유민을 이끌게 되었어요. 걸사비우마저 당나라군의 공격에 목숨을 잃자, 그를 따르던 말갈족 무리가 대조영을 찾아왔어요. 대조영은 흔쾌히 이들을 모두 받아 주었어요.

대조영은 고구려 유민과 말갈족으로 이루어진 무리를 이끌고 당나라의 힘이 미치지 않는 옛 고구려 땅으로 갔어요. 그리고 동모산에 자리를 잡고, 새로운 나라 발해를 세웠어요. 고구려가 무너진 지 30년 만의 일이었어요.

"우리 고구려 사람이 말갈족과 함께 새로운 나라를 세웠습니다. 앞으로 고구려의 기상을 이어받아 고구려의 옛 땅을 되찾읍시다!"

발해는 점차 고구려의 옛 땅을 차지하며 큰 나라가 되었어요.

역사 용어

유민 나라가 망해서 여기저기 떠돌아다니는 백성.
반란 정부나 지배자 등에 반대하여 무기로 공격하며 저항하는 것.
동모산 발해의 도읍이었던 곳으로, 지금의 중국 지린성 둔화시 부근.

1 고구려가 멸망한 뒤, 고구려 사람들은 어떻게 살았는지 두 가지 써 보세요.

_____

2 글을 읽고 설명하는 사람이 누구인지 쓰세요.

● 고구려 유민을 이끌던 고구려 장수   ☐☐☐☐

● 말갈족의 우두머리   ☐☐☐☐

3 괄호에 들어갈 사람을 모두 고르세요. (,   )

> 대조영은 (   )을(를) 이끌고 옛 고구려 땅으로 갔어요.

① 당나라 사람   ② 고구려 유민   ③ 거란족 무리   ④ 말갈족 무리

4 누가 어디에 발해를 세웠는지 써 보세요.

_____

5 발해에 대한 설명으로 옳지 <u>않은</u> 것을 고르세요. (   )

① 발해는 고구려 사람이 말갈족과 함께 세운 나라예요.
② 발해는 고구려의 옛 땅에 세워진 나라예요.
③ 발해는 말갈족이 고구려 유민을 이끌고 가 세운 나라예요.
④ 발해는 고구려의 기상을 이어받은 나라예요.

역사 포인트 | 698년, 고구려 장수 대조영이 옛 고구려 땅인 동모산에 자리를 잡고 발해를 세웠어요.

바다 동쪽의 번성한 나라, 해동성국

발해는 제10대 왕인 선왕 때 옛 고구려 영토보다 더 넓은 땅을 차지하며 크게 발전했어요. 당나라에서는 발해를 '해동성국'이라고 불렀어요. '바다 동쪽에서 기운차게 일어나 번성하는 나라'라는 뜻이지요.

발해의 도읍인 상경에 있는 상경성은 성벽을 겹으로 둘러쌓은 길고 네모난 성이에요. 성안에는 궁궐과 백성들이 사는 집, 시장과 절 등이 있었어요. 바둑판 모양으로 난 도로에는 늘 마차와 사람들로 붐볐지요.

발해의 귀족들은 고구려와 당나라의 영향을 받은 옷을 입었어요. 여자들은 비녀와 뒤꽂이를 꽂아 머리를 장식했어요. 귀족들은 기와집에서 살며 방바닥에 고구려 때 사용했던 온돌을 깔았어요.

발해는 당나라뿐 아니라 일본, 신라와도 물건을 사고팔았어요. 발해는 곡식과 옷감이 넉넉하지 않았어요. 하지만 발해의 특산품인 담비 털가죽과 말이 주변 나라에 인기가 많아 걱정이 없었어요.

오늘날, 발해의 옛 영토에서 석등, 돌우물, 성터 등 발해의 유적과 유물이 발견되고 있어요. 이것들을 보면 발해가 고구려를 이은 나라라는 것을 알 수 있어요. 고구려의 것과 닮았기 때문이지요.

발해는 고구려 문화를 바탕으로 당나라와 말갈족의 문화를 받아들여 발해만의 문화를 이루었어요.

발해 상경의 궁궐터

상경성 발해 석등

상경 지금의 중국 헤이룽장성 닝안시 동경성 지역에 있던 발해의 마지막 도읍.
온돌 아궁이에 불을 때면 방바닥의 구들장이 데워져 방 안을 따뜻하게 하는 난방 장치.

1 '바다 동쪽에서 기운차게 일어나 번성하는 나라'라는 뜻으로, 발해를 일컫는 말을 쓰세요.

2 발해가 가장 큰 영토를 차지하며 크게 발전했던 시대의 왕 이름을 쓰세요.

3 발해에 대한 설명으로 맞으면 ○, 틀리면 ✕ 하세요.

① 발해의 도읍 상경에는 바둑판 모양으로 도로가 나 있었어요. ------------------ (   )
② 발해의 귀족은 방바닥에 고구려 때 사용했던 온돌을 깔았어요. --------------- (   )
③ 발해는 곡식과 옷감이 넉넉했어요. ------------------------------------- (   )
④ 발해는 당나라, 일본, 신라와 물건을 사고팔았어요. ------------------------ (   )

4 주변 나라에서 인기가 많았던 발해의 특산물을 두 가지 쓰세요.

----

5 서로 닮은 두 유물로 알 수 있는 것이 무엇인지 써 보세요. ...수행평가 대비

고구려의 수막새    발해의 수막새

역사 포인트 발해는 고구려 문화를 바탕으로 당나라와 말갈족
문화를 받아들여 발해만의 문화를 이루었어요.

여러 나라와 교류하며 발전한 통일 신라

7년여의 전쟁 끝에 문무왕은 당나라를 몰아냈어요. 그 뒤 신라와 당나라는 30년 동안 서로 교류하지 않았어요. 그러다 다시 관계가 좋아지면서 활발하게 교류하기 시작했어요.

당나라 수도 장안은 세계 여러 나라 사람들이 모이는 국제적인 도시였어요. 신라 상인들은 이곳에서 당나라 사람들은 물론, 먼 나라인 아라비아나 페르시아 등의 서역 상인들과도 물건을 사고팔았어요. 또 신라의 유학자들과 승려들은 공부하기 위해 당나라에 왔어요. 이렇게 당나라에 신라 사람들이 하나둘 모이다 보니, 신라 사람들이 모여 사는 마을인 신라방이 생겼어요. 신라방에는 신라 사람들이 세운 절인 신라원과 관청인 신라소도 있었어요.

삼국 통일 뒤 신라는 일본과도 오랫동안 교류하지 않았어요. 그러나 시간이 지나면서 신라 상인들이 배를 타고 일본에 가서 신라 물건뿐 아니라 당나라에서 사 온 물건을 되팔기도 했어요.

신라 사람들은 멀리 서역 사람들과도 교류했어요. 신라의 승려 혜초는 인도 북부를 거쳐 머나먼 서역 땅을 여행하고 돌아와 『왕오천축국전』이라는 책을 썼어요. 서역 사람들도 신라에 와 신라의 인삼과 공예품을 샀고, 향신료나 장식품 등을 팔았어요.

이처럼 신라는 바다를 통해 주변의 여러 나라와 활발히 교류하며 문화를 발전시켰어요.

교류 서로 다른 개인이나 지역, 나라 사이에서 물건이나 문화, 사상 등을 주고받는 것.
향신료 음식의 맛과 향을 돋워 주는 것으로 후추, 생강 등이 있음.

1 삼국 통일 뒤, 신라와 당나라의 관계로 알맞은 말에 ○ 하세요.

신라와 당나라는 다시 관계가 좋아지면서 활발하게 (**교류했다** / **교류하지 않았다**).

2 당나라에 신라 사람들이 모이면서 생겨난 것으로, 각각 무엇인지 쓰세요.

- 신라 사람들이 모여 사는 마을 ------------------------------------- (   )
- 신라 사람들이 마을에 세운 절 ------------------------------------- (   )
- 신라 사람들의 마을에 있던 관청 ----------------------------------- (   )

3 신라의 승려 혜초가 서역 땅을 여행하고 쓴 책은 무엇인지 쓰세요.

4 서역 사람들이 신라에 와서 무엇을 사고팔았는지 괄호에 쓰세요.

서역 사람들은 (   )과 (   )을 사고, (   )나 장식품 등을 팔았어요.

5 다음 신라의 석상으로 알 수 있는 것이 무엇인지 써 보세요.

경주 원성왕릉 석상

경주 원성왕릉 석상을 보면, 곱슬머리, 진한 눈썹, 우뚝한 콧날, 머리에 두른 천의 모양을 통해 서역 사람의 모습을 발견할 수 있어요.

역사 포인트 통일 신라는 바다를 통해 당나라와 일본, 멀리 서역과도 활발하게 교류했어요.

바다의 왕, 장보고

젊은 시절 당나라에 간 신라의 장보고는 뛰어난 무술 실력을 인정받아 당나라의 장군이 되었어요.

어느 날, 장보고는 신라방에서 해적에게 잡혀 와 노비로 팔려 가는 신라 사람들을 보았어요.

"죄 없는 신라 사람을 해치다니! 해적들을 가만두지 않겠다!"

화가 난 장보고는 신라로 돌아와 홍덕왕을 찾아갔어요.

"해적들이 바다에서 신라의 배를 약탈하고, 죄 없는 신라 사람들을 잡아가 노비로 팔고 있습니다. 제가 신라의 바다를 지킬 수 있도록 해 주십시오."

해적들 때문에 골머리를 앓고 있던 홍덕왕은 기뻐하며 장보고를 청해 대사로 임명하고, 군사를 내주었어요. 청해는 당나라와 일본을 오가는 배들이 다니는 바닷길에 있는 섬이었어요. 장보고는 청해진을 설치하고 군사 1만을 모아 훈련시켰어요. 그리고 해적들을 공격해 바다에서 모두 몰아냈어요.

"만세! 장보고 덕분에 뱃길이 안전해졌으니, 마음 놓고 장사할 수 있겠어."

신라 상인들은 장보고 덕분에 해적들의 위협 없이 마음껏 장사할 수 있게 되었어요.

해적이 사라지자 당나라와 일본 사람들도 청해진을 오가게 되었어요. 청해진은 해상 무역의 중심지가 되어 물건을 사고팔러 온 여러 나라의 상인들로 북적거리게 되었어요. 장보고는 신라뿐 아니라 당나라와 일본까지 바다의 왕을 뜻하는 '해상왕'으로 이름을 크게 떨쳤어요.

전라남도 완도의
청해진 유적

역사
용어
홍덕왕 신라의 제42대 왕으로, 귀족들의 사치가 심해 사치를 금하는 법을 만들었지만 실패함.
청해진 장보고가 지금의 전라남도 완도에 설치했던 무역 기지.

1 장보고에 대한 설명으로 옳은 것을 고르세요. (   )

　① 신라 장군으로 당나라에 간 사람이에요.

　② 당나라 사람으로 신라방을 다스리던 관리였어요.

　③ 뛰어난 무술 실력으로 당나라에서 장군이 된 신라 사람이에요.

　④ 당나라에서 태어난 당나라 사람이에요.

2 장보고가 흥덕왕에게 요청한 것은 무엇인지 써 보세요.

- -

3 글을 읽으면서 빈칸에 공통으로 들어갈 말을 쓰세요.

　● 장보고는 [   ] 을 설치하고 군사들을 훈련시켰어요.

　● 일본과 당나라를 오가는 배들이 [   ] 을 거쳐 갔어요.

4 장보고가 한 일을 두 가지 써 보세요.

- -

5 글을 읽으면서 괄호에 들어갈 알맞은 말을 쓰세요.

　장보고는 신라뿐 아니라 당나라와 일본까지 (   )으로 이름을 크게 떨쳤어요.

> **역사 포인트**　장보고는 청해진을 설치하고 당나라와 일본을 오가는 배들을 해적으로부터 지켜 주어 해상왕으로 이름을 떨쳤어요.

찬란한 불교 예술 불국사와 석굴암

불교가 널리 퍼진 통일 신라는 절을 짓고, 불상과 탑, 범종 등을 만들며 불교를 중심으로 찬란한 문화 예술을 꽃피웠어요.
그 가운데 대표적인 것이 경주 토함산에 있는 불국사와 석굴암이에요.
『삼국유사』에 의하면 경덕왕 때 김대성이 지금의 부모를 위해서는 불국사를, 전생의 부모를 위해서는 석굴암을 지었다고 해요.
불국사와 석굴암은 유네스코 세계 문화유산에 등재되었어요.

부처의 나라, 불국사

불국사는 신라 사람들이 생각한 부처의 나라를 옮겨 놓은 절이에요.
대웅전 앞에는 석가탑이라고도 불리는 불국사 삼층 석탑과 10원짜리 동전에 새겨진 다보탑이 있어요.
불국사 삼층 석탑에서는 세계에서 가장 오래된 목판 인쇄물로 알려져 있는 '무구 정광 대다라니경'이 발견되었어요.

불국사

경주 불국사 다보탑   경주 불국사 삼층 석탑

석굴 사원, 석굴암

석불사로 불렸던 석굴암은 크고 작은 돌을 정교하게 짜 맞추어 만든 석굴 사원이에요. 중앙에 있는 본존불상을 중심으로 모든 조각상이 조화롭게 배치되어 있어요.
본존불상의 위치와 천장의 구조 등을 보면 신라 사람들이 뛰어난 과학 기술을 가졌다는 것을 알 수 있어요.

경주 석굴암 본존불상

글자 퍼즐을 풀어라!

 가로 열쇠와 세로 열쇠를 보고, 빈칸에 알맞은 글자를 써서 글자 퍼즐을 풀어
보세요.

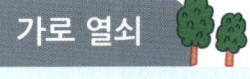

가로 열쇠

❶ 『삼국유사』에 불국사와 석굴암을 지었다고
  기록되어 있는 사람이에요.

❷ 돌을 짜 맞추어 만든 사원으로 토함산에 있어요.

❸ 10원짜리 동전에 새겨진 탑이에요.

세로 열쇠

❶ 신라 사람들이 생각한 부처의 나라를 옮겨 놓은
  절이에요.

❷ 불국사 삼층 석탑이라고도 불려요.

괄호에 들어갈 알맞은 말을 보기 에서 찾아 쓰면서 '통일 신라'와 '발해'에 대해 정리해 보세요.

① 모든 걱정을 잠재우는 피리인 ( )을 불었다는 이야기가 전해 온다.

신라의 제31대 왕으로 여러 제도를 새롭게 만들며 통일 신라를 잘 다스렸다.

여러 나라와 활발한 교류

신문왕

통일 신라

불교를 백성들에게 널리 알렸다.

해골에 고인 썩은 물을 마시고 깨달음을 얻었다.

원효

널리 퍼진 불교

장보고

의상

② 신라로 돌아와 ( )을 세우고, 바다에서 해적들을 몰아냈다.

③ 신라뿐 아니라 당나라와 일본까지 ( )으로 이름을 크게 떨쳤다.

많은 절을 세우고, 제자들을 가르치며 화엄 사상을 전했다.

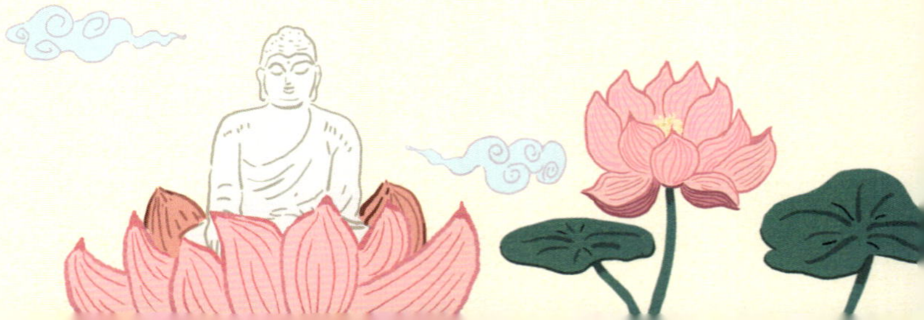

당나라

④ 신라 사람들이 모여 사는 마을인 (　　　　)이 생겼다.

일본

신라 상인들이 당나라에서 사 온 물건을 되팔았다.

서역

⑤ 신라의 승려 혜초가 서역 땅을 여행하며 (　　　　)이라는 책을 썼다.

서역 사람들이 신라까지 와서 물건을 사고팔았다.

고구려 문화를 바탕으로 당나라와 말갈족의 문화를 받아들여 발해만의 문화를 이루었다.

발해

⑧ 제10대 왕인 선왕 때, '바다 동쪽에서 기운차게 일어나 번성하는 나라'라는 뜻으로 (　　　　)이라고 불렸다.

⑥ 고구려 장군 (　　　　)이 고구려 유민과 말갈족 무리를 이끌고 옛 고구려 땅인 동모산에 발해를 세웠다.

⑦ (　　　　)의 기상을 이어받은 나라이다.

보기　만파식적　대조영　『왕오천축국전』　신라방　청해진　해상왕　해동성국　고구려

MEMO

MEMO

마인드맵으로 정리하는

한국사 독해 ①

정답

kids' SCHOLE

1 9쪽

1. 뗀석기 2. 동굴, 바위 그늘 3. ① ○, ② ○, ③ ○, ④ × 4. 사냥을 했어요. 물고기와 조개를 잡았어요. 열매를 따거나 나무뿌리를 캤어요. 5. 동굴에 불을 피워 따듯하게 했어요. 고기를 불에 구워 먹었어요.

2 11쪽

1. 갈판, 갈돌 / 가락바퀴 2. ①, ③, ④ 3. 남은 곡식을 보관하거나 음식을 만들 때 사용했어요. 4. 도구: 간석기, 주생활: 움집 5. 지구의 기후가 따뜻해져 식물이 무성해지고 물고기가 많아졌기 때문이에요.

3 13쪽

1. 고조선 2. 『삼국유사』 3. 3, 1, 2, 4, 5 4. ① 날씨의 영향을 받는 농사를 중요하게 생각하는 사회였다는 것과 지배자는 농사를 잘되게 하는 능력이 있어야 했다는 것을 알 수 있어요. ② 하늘을 섬기는 환웅의 부족이 곰을 섬기는 부족과 결합했다는 것을 알 수 있어요.

4 15쪽

1. 시루 2. 8, 3 3. ① 농사를 지었어요. 개인이 재산을 가질 수 있었어요. ② 신분 제도가 있었어요. 4. ① ○, ② ×, ③ ○, ④ ○

5 17쪽

1. 청동은 재료가 귀하고 만드는 방법이 까다로웠기 때문이에요. 2. 반달 돌칼 3. ② 4. 청동 거울, 청동 방울 5. 고인돌

역사퀴즈 19쪽

한눈에 보는 역사 마인드맵 20~21쪽

① 뗀석기 ② 동굴 ③ 간석기 ④ 농사 ⑤ 움집
⑥ 반달 돌칼 ⑦ 고인돌 ⑧ 단군왕검

6 25쪽

1. 경주, 여섯   2. 도읍으로 삼을 곳을 찾기 위해 올라갔어요.   3. ②, ③, ④   4. 아이 성: 박, 뜻: 박처럼 둥근 알에서 나왔다. / 아이 이름: 혁거세, 뜻: 세상을 밝게 한다.   5. 사로국 / 신라

7 27쪽

1. 해모수, 유화   2. ①, ④   3. 어려서부터 활을 잘 쏘았기 때문에 활을 잘 쏘는 사람을 뜻하는 주몽이라고 불렸어요.   4. 부여의 왕자들이 주몽을 죽이려고 했기 때문이에요.   5. ②

8 29쪽

1. ②   2. 십제, 백제   3. 3, 2, 1, 4   4. 큰 강과 넓은 평야가 있고, 낮은 산들이 있어서예요.   5. 바다가 가까워 중국과 교류하기 좋다고 생각했기 때문이에요.

9 31쪽

1. 간, 촌장   2. 막대를 두드리며 노래를 부르고 춤을 추었어요.   3. 2, 3, 4, 1   4. 김수로 / 금관가야   5. 금관가야, 대가야, 아라가야, 고령가야, 소가야, 성산가야

역사 퀴즈 33쪽

한눈에 보는 역사 마인드맵 34~35쪽

① 신라   ② 고구려   ③ 위례성   ④ 한강   ⑤ 미추홀
⑥ 금관가야

10 39쪽

1. ③ 2. 백제를 가장 강한 나라로 만들겠다는 자신의 꿈을 이루기 위해서예요. 3. 고구려의 고국원왕이 목숨을 잃었고, 백제는 황해도 일부 지역을 차지했어요.
4. 고흥, 『서기』 5. 일곱 개의 칼날이 나뭇가지처럼 뻗어 있는 철로 만든 칼이에요.

11 41쪽

1. ① ○, ② ○, ③ ×, ④ ○ 2. ② 3. 국가의 권위를 높이기 위해 불교를 받아들이기로 했어요. 4. 태학 / 율령
5. 전쟁에서 도망치면 사형에 처한다. 남의 물건을 훔치면 두 배로 갚는다.

12 43쪽

1. 광개토 대왕, 장수왕 2. 한강 북쪽 지역의 땅 3. ①, ③, ④ 4. 광개토 대왕릉비 5. 국내성에서 평양성으로 도읍을 옮겼어요. 백제를 공격해 한강 남쪽 지역을 차지하며 한반도 중부 지방까지 영토를 넓혔어요. 광개토 대왕의 업적을 기리기 위해 광개토 대왕릉비를 세웠어요.

13 45쪽

1. 불교로 백성들의 마음을 모으고, 왕의 힘을 키우고 싶었기 때문이에요. 2. 이차돈 3. ④ 4. 이차돈 순교비
5. ① 침류왕, ② 소수림왕, ③ 법흥왕

14 47쪽

1. 화랑 2. ①, ②, ④ 3. 백제와 손잡고 고구려를 공격해서 - 한강 상류 지역을 차지함. / 나제 동맹을 깨고 백제를 공격해서 - 한강 유역을 모두 차지함. 4. 중국과 교류가 쉬워지고, 기름진 땅에서 나오는 곡식을 더 많이 얻을 수 있었기 때문이에요. 5. 낙동강 유역, 함경도

역사퀴즈 49쪽

글자를 찾아라!

비석에 대한 설명을 읽고, 퍼즐에서 설명에 맞는 비석의 이름을 찾아 번호와 같은 색으로 글자를 묶으세요.

❶ 진흥왕이 새로 정복한 영토를 직접 돌아보고, 북한산에 세운 비석이에요.
❷ 고구려 장수왕의 업적이 기록되어 있는 비석이에요.
❸ 신라가 고구려의 땅이었던 적성 부근을 차지하고 세운 비석이에요.
❹ 고구려 광개토 대왕의 업적이 새겨져 있는 거대한 비석이에요.

49

역사 마인드맵 50~51쪽

① 칠지도 ② 율령 ③ 만주 ④ 불교 ⑤ 화랑 ⑥ 한강
⑦ 평양성 ⑧ 광개토 대왕릉비

15 **55쪽**

1. 태어날 때부터 정해졌어요.   2. 귀족, 평민 / 평민, 귀족 / 귀족, 평민   3. 골품제   4. 집의 크기, 옷의 색깔, 탈 것의 종류, 오를 수 있는 관직   5. ① ✕, ② ◯, ③ ◯, ④ ✕

16 **57쪽**

1. '왕은 곧 부처다'라는 생각을 바탕으로 백성들의 마음을 하나로 모으고, 왕의 힘을 키울 수 있기 때문이에요.   2. 백제, 미소   3. 광배   4. ②, ③   5. 돌을 벽돌 모양으로 다듬어 9층으로 쌓아 올렸어요.

17 **59쪽**

1. 금관가야, 성산가야, 대가야, 소가야, 고령가야, 아라가야   2. 질 좋은 철이 많이 났어요. 주변 나라에 철을 수출했어요. 철을 다루는 기술이 뛰어났어요.   3. 3, 4, 2, 1   4. 여섯 가야로 나뉘어 있다 보니 백제와 신라 사이에서 위협을 받고, 도움도 받으면서 힘을 키우지 못했기 때문이에요.   5. 진흥왕 / 우륵 / 김유신

18 **61쪽**

1. 죽음 뒤에 다른 세계가 존재한다고 믿었기 때문이에요.   2. 고분   3. ①, ③   4. 중국 남조   5. 나무로 방을 만들고 그 위에 돌을 쌓은 뒤, 흙을 덮었어요.

19 **63쪽**

1. 거문고 / 무령왕릉   2. 일본   3. 중앙아시아의 서역과 교류했다는 것을 알 수 있어요.   4. ②   5. 혜자 / 스에키

역사퀴즈 **65쪽**

역사마인드맵 **66~67쪽**

① 골품제 ② 백제 ③ 굴식 돌방무덤 ④ 벽돌
⑤ 돌무지덧널무덤 ⑥ 담징 ⑦ 왕인 ⑧ 철의 나라

20 71쪽

1. ①, ②, ③, ④ 2. 수나라군의 사정을 알아내기 위해서였어요. 3. ①, ③ 4. 수나라군을 뒤쫓아 가 수나라군이 살수를 건널 때 갑작스럽게 화살과 창을 쏘며 공격했어요. 5. 살, 수, 대, 첩, 살수 대첩

21 73쪽

1. 백제가 신라를 여러 차례 공격해 신라의 여러 성을 빼앗았기 때문이에요. 2. 김춘추 3. 고구려, 당나라
4. 연개소문: 옛 고구려 땅을 돌려주면 도와주겠소. / 당나라 태종: 좋소, 신라와 힘을 합쳐 싸우겠소. 5. 당나라

22 75쪽

1. ④ 2. 계백, 황산벌 3. ③ 4. 여러 가지 답변이 가능한 질문입니다. 예) 관창은 나라와 신라의 백성들을 위해 싸움에서 이기고 싶었어요. 계백이 살려서 돌려보내 준 것이 군인의 명예를 떨어뜨린다고 생각했어요. 5. 의자왕이 무릎을 꿇고 항복했고, 결국 백제는 멸망했어요.

23 77쪽

1. 연개소문 2. ③ 3. 남생의 동생들이 남생을 죽이려 한다는 소문이 돌았어요. 남생은 이것이 사실인지 확인하기 위해 사람을 보냈고, 그 사람이 죽임을 당하는 것을 보고 당나라로 도망갔어요. 4. 당나라군, 신라군
5. 승려 신성이 평양성의 문을 열어 주었어요. 보장왕이 당나라군에게 붙잡혀 항복했고, 고구려는 멸망했어요.

24 79쪽

1. ②, ④ 2. 사천왕사 3. 매소성, 기벌포 4. 신라는 당나라와 동맹을 맺고 백제와 고구려를 차례로 멸망시켰어요. 그 뒤 신라는 당나라와 전쟁을 벌여 우리 땅에서 당나라를 몰아내고 삼국 통일을 이루었어요. 5. ④

역사퀴즈 81쪽

한눈에 보는 역사 마인드맵 82~83쪽

① 살수 ② 황산벌 ③ 계백, 의자왕 ④ 김춘추
⑤ 매소성 ⑥ 삼국 통일

25 87쪽

1. 신문왕 / 감은사   2. ①, ②, ④   3. 만파식적   4. 신라
가 평안하고 발전하기를 바랐어요.   5. 제도, 신라

26 89쪽

1. 불교를 더 공부하기 위해서 가고 있었어요.   2. 한밤
중에 물을 마셨을 때 - 달고 시원하다. / 썩은 물인 것을
알았을 때 - 더러워서 구역질이 난다.   3. 모든 것은 마음
에 달려 있다.   4. ① 의상, ② 원효   5. 하나가 전체이고,
전체가 하나라는 의미예요.

27 91쪽

1. 당나라의 감시와 괴롭힘을 받았어요. 이곳저곳으로
끌려가 흩어져 살았어요.   2. 걸걸중상, 걸사비우
3. ②, ④   4. 고구려 장수 대조영이 옛 고구려 땅인 동모
산에 발해를 세웠어요.   5. ③

28 93쪽

1. 해동성국   2. 선왕   3. ① ○, ② ○, ③ ×, ④ ○
4. 담비 털가죽, 말   5. 발해가 고구려를 이은 나라라는
것을 알 수 있어요.

29 95쪽

1. 교류했다   2. 신라방 / 신라원 / 신라소   3. 왕오천축
국전   4. 인삼, 공예품, 향신료   5. 서역 사람들이 신라
에 자주 오가며 교류했다는 것을 알 수 있어요.

30 97쪽

1. ③   2. 신라의 바다를 지킬 수 있게 해 달라고 요청했
어요.   3. 청해진   4. 청해진을 설치하고 군사들을 훈련
시켰어요. 해적들을 바다에서 몰아냈어요. 여러 나라 상
인들이 마음껏 장사할 수 있게 했어요.   5. 해상왕

 역사퀴즈 99쪽

역사 마인드맵 100~101쪽

① 만파식적 ② 청해진 ③ 해상왕 ④ 신라방
⑤ 『왕오천축국전』 ⑥ 대조영 ⑦ 고구려 ⑧ 해동성국

MEMO

MEMO